好きな人と「だけ」生きていく

永松茂久

WAVE出版

タイトルを見て、

「好きな人とだけ？　そんなことしていいの？」

「無理無理。そんなことができれば世話ないよ」

「そんな生き方ができれば理想だけど、そんなに甘くはないよね」

「ありえない。それって単なるわがままだよね」

そう思ったあなたへ。

読み終わったとき、そのあなたの価値観は、

「それでいいんだ。いや、そのほうがいいんだ」

に変わる。

こんな人に向けて本書を書いた

- 仕事でイヤな人と顔を合わせなければならない状況にいる人
- 職場の人間関係で悩み事がある人
- 起業、副業、転職を考えている人
- やりたいことがあるのにまわりに反対されている人
- スタッフが辞めて悩んでいるビジネスリーダー
- 友人、コミュニティの人間関係で悩んでいる人
- 大切な人が離れていって孤独感を感じている人
- 離婚したり恋人と別れて辛い思いをしている人
- 夫婦、嫁姑問題で悩んでいる人
- いわれのない批判で傷ついている人
- もっと自分らしく
  もっと自由に生きていきたいと願う人

プロローグ

うまくいっている人は、好きな人と「だけ」生きている

イヤな人にガマンする時代は終わった

「あのイヤな人から離れたい」

「好きな人とだけ生きていきたい」

「もっと人間関係でストレスなく生きていきたい」

多くの人はそう願いながらも、「世の中そんなに都合よくはいかないもの」という思い込みに縛られ、自分の本音にフタをする。友達だから、家族だから、社会人だから、まわりの目があるから……。

言い訳をしたり、自由に生きている人に憧れと羨望を抱いていることを心のどこかにしまい込み、「ガマン」という素材で作られた「常識」という柵をはみ出さないように生きている。


ひょっとすると、あなたもその一人ではないだろうか？

もしそうなら、まず結論から伝えたい。

その柵をぶっ壊そう。あなたはこれ以上ガマンしなくていい。

そのガマンを生み出す「イヤな人」にこれ以上時間を使わなくていい。


「そんなこと本当にしていいの？」

「好きな人とだけで生きていけるわけないじゃん」

「そんなの現実的に無理に決まっている」

「嫌いな人がいても、うまく付き合っていかなきゃいけないでしょ」

「そんなことができるのは一部の人だけだよ」

今、あなたの頭の中はその疑問でいっぱいだろう。


無理もない。もともとあなたは、「人とはみんなうまくやっていくべきだ」という横並びをよしとする日本で育ったために、「人を嫌うことはいけないことだ」という価値観が根強くインストールされているからだ。

しかし、この本を読み進めるにつれて、その疑問や価値観は消えていく。この世の中には、もっと楽に、心豊かに生きていける方法がたくさんあることを知るだろう。

うまくいっている人への大きな誤解

おそらく多くの人が持っている誤解がある。それは、「人生がうまくいっている人ほど、人格者であり、イヤな人を受け入れる度量を持っている。だから自分もガマンしてその人たちのように自分を磨かなければ」というものだ。そして、悲しいかなこの価値観があなたを苦しめている。

私は、仕事を含めて一流と言われる人とよくご一緒させてもらう機会が多いのだが、**一流であればあるほど、自分の好きなことを好きな人と「だけ」やっている**ことに驚く。多くの人がイメージとして持っている「どんな相手でも受け入れる立派な人」などいない。

そしてもうひとつ、こういう人たちに共通する特徴がある。それは、そのスタイルにまったく罪悪感を持っていないということだ。

自分のまわりによいエネルギーの人、好きな人だけを集めることで、自分の精神状態を快の状態に安定させ、さらによいパフォーマンスを生み出すことができると信じているのだ。

だから、そういう人は一片の罪悪感も悲壮感もまわりに感じさせない。「誰といるか」「誰と時間を過ごすか」を、堂々と徹底的にジャッジしている。

こう伝えると、「そりゃ、一流の人なら、付き合う人は選び放題でしょ」という言葉がよく返ってくる。

しかし、それは違う。そういう人を厳選しながら選んできたからこそ、その人は一流になれたのだ。

自分のエネルギーを常に高い状態で安定させていたからこそ、いい仕事ができるようになり、一流になれたのだ。

だからこそ、今まで信じてきた常識や価値観を捨て、もっと自由に、もっとストレスなく、もっとあなたらしく生きてほしい。その願いからこの本は生まれた。

◆ 本書を通してあなたが手に入れるメリット

★ずっと抱えていた慢性の悩みから解放される
★仕事がうまくいくようになる
★無駄な支出が減る
★所得が増える
★イヤな人に頭を下げなくてすむようになる
★無用な争いごとに巻き込まれなくなる
★「あの人がいなくなったら」という不安がなくなる
★自分のやりたいことに集中できるようになる
★まわりに好きな人ばかりが集まってくる

好きな人と「だけ」生きていく。それは、決してわがままなことではない。まず、そう生きるいちばん合理的な方法を、最初にお伝えする。

それはイヤな人を遠ざけるのではなく、好きな人との時間を増やすということ。

つまりイヤな人に使う物理的、心理的時間を、できる限り好きな人にあてることで、自然とイヤな人をあなたのまわりから消していくのだ。本書ではその具体的な方法をお伝えしていくことにする。

常識の柵を取り払おう

人はさまざまな価値観の中で生きていて、異なる価値観に出合うと悩む。

それが自分の可能性を広げてくれたり、ワクワクさせてくれる前向きなものならいいが、多くの場合、マイナス感情を呼び起こすもののほうが多い。そして自分の感情にフタをし、無理に違う価値観に合わせようとして、永遠に悩み続けてしまう。

私も人間関係に悩んだ日々があった。経営者となり、社員たちをまとめる立場に置かれたとき、はじめて人間関係の難しさを知った。

いろいろな本を読みあさり、経営者として、リーダーとして何をしたらいいかの答

えを見出そうとした。それにはどれも、

「リーダーたるもの、すべてのスタッフを愛さなければいけない」

「どんな相手であれ、相手の言葉に耳を傾けなければいけない」

「みんなで仲良く、一丸となって仕事に取り組むべきだ」

的なことが書いてあったが、いざ実践に移そうとすると、うまくいかない。そんな理想と現実に苛立ちを隠せず、自分を責め続けた。


あれから年月が経ち、おかげさまで今の私は以前のように人間関係に悩むこととは無縁の世界で生きることができるようになった。

それだけではなく、メンタルコーチングや経営コンサルティング、そして執筆という仕事を通して、当時の私のように悩む人に向けて、解決方法をたくさんの人にお伝えさせてもらえるようになれた。


なぜそんな恵まれた状況を手に入れることができたのか？　それは私自身がその方法を知り、常識という「ガマン」の柵をこわせたからだ。

その経験を通してよりよく生きるための考え方を手に入れることができたからこそ、「もっと違う生き方がある」ことを、声を大にして伝えたい。

私自身が特別な人間ではなかったからこそ、「誰でももっと簡単に自由になれる」ことを自信を持って伝えたいのだ。

価値観という心の洋服を着替えよう

人は成長し、変化する生き物だ。成長する人ほど、常に小さくなった洋服を躊躇なく脱ぎ捨てるようにステージアップしていく。

いくら相手を好きでも、人は環境とともに気持ちも変化する。だからこそ、相手と「なんか合わないな」と感じたら、いつでもその相手から「離れる」ことを選択していいのだ。

迷うことなく今のあなたにあったサイズの価値観を探しに行こう。

誰かをイヤだなと思って、離れることに罪悪感を抱く必要はない。イヤな相手に無理に寄り添うことも、相手のよいところを探す必要もない。

もういい加減、自分の気持ちに素直になろう。

あなたが好きだと思う人と「だけ」生きればいい。


「好き」という感情は、人が生きるうえでもっとも強いエネルギーだ。そしてあなたのパフォーマンスを上げ、心も体も健康にしてしまう不思議なパワーを持っている。

あなたが好きな人、好きなことに囲まれて生きていれば、必然的に、心が安定して笑顔になる。そしてあなたが笑顔でいることで、まわりにいる人たちも笑顔になる。

だから、まわりの人を幸せにするためにも、まずはあなたが自分の人生を好きな人、好きなことで埋めつくす必要があるのだ。


これは理想論じゃない。特別なことをする必要もない。ちょっとした考え方、やり方を知れば、あなたが好きな人と「だけ」生きるためのライフスタイルは、意外にも簡単に手に入れられる。

では始めよう。この本を手にしてくださったあなたが、よりよい人生を歩むきっかけとなる一冊となるよう、心をこめて。

目次

第2章 イヤな人にこれ以上時間を使わない……71

第3章 避けられない批判とどう向き合うか

第5章 好きな人と「だけ」生きていく……181

装幀　小口翔平（tobufune）
本文フォーマット　加藤愛子（オフィスキントン）
ブックインタビュー　鮫川佳那子
執筆協力　加藤道子

第1章

なぜ好きな人と「だけ」生きたほうがいいのか

同じ思いの人は引き合うという法則を知る

考え方、価値観の近い人は引き寄せ合う

たとえば同窓会などで、以前はとても仲良かった友達と久しぶりに会ったときに、どうしても話が噛み合わなかったことはないだろうか？

数年ぶりにあった友人と話したとき、どうしても以前のように楽しむことができずに、残念な気持ちになったことはないだろうか？

とても仲良くしていた人と、お互いの環境が変わったことで、ズレが生まれて疎遠になってしまったことはないだろうか？

前向きに生きようと決めたとき、それまで普通に話していたはずの仲間の後ろ向き

な発言が、妙に耳に障るようになったことはないだろうか？

この本を読んでいただくにあたって、まずいちばんはじめに覚えておいてほしい大前提がある。

それは同じ考え方、似通った価値観の人どうしは共感して集まり、考え方、価値観が合わない人どうしは自然に離れていくということ。

人にはそれぞれの考え方が生み出す「波長」があるのだ。

人間関係は「波長の法則」でできている

あなたにも経験があると思うが、人は会った瞬間に「なんとなく気が合いそうだな」とか「なんとなく話したくないな」と感じることがある。この「なんとなく」には、実は大きな意味がある。

昔から「類は友を呼ぶ」「ウマが合う」という言葉があるように、似たような価値観、似たような考え方の人は集まるようにできているのだ。

環境や社会的立場もそう。お金持ちはお金持ち、社長は社長、サラリーマンはサラリーマン、主婦は主婦、もっと細かく言えば、その同じ立場でも幸せな考え方をする人は幸せな考え方をする人、悪口が好きな人は悪口が好きな人で集まる。

つまり、**人は置かれた環境で影響し合い、考え方が左右される**。環境が変わると、それぞれの考え方にズレが生じ、別れが起きることもある、ということだ。このように、似た環境、似た考え方の人どうしが引き寄せあっていく現象を「**波長の法則**」という。

この本では、この言葉を何度も使うことになるので、はじめにぜひこのことを理解しておいてほしい。

「波長の法則」を覚えておくことで、あなたはこれからの人間関係の中でいろいろなものが見えてくるようになる。

「波長の法則」が出会いと別れを決める

◆ 環境がそれぞれの価値観を変えていく

とくにケンカをしたわけではないし、イヤなところもないのだけれど、なんとなく疎遠になってしまった。そういう友達はいないだろうか。

これは誰にでも経験があることであり、当然のこと。

顔を合わせたり、同じ時間を過ごしたりという物理的な接点がなくなると、人間関係は自然と変わっていくのだ。

幼稚園のときに仲が良かった友達と、大人になった今でも毎日一緒に遊ぶなんてことはないし、小・中・高、大学と進む過程で、環境が変化し、違う道を歩むのは当然のこと。

しかし、それは子どもから大人になる過程でだけ起こる現象ではない。大人になってからも、転職したとか、新しいことを始めたことがきっかけで、人間関係がガラッと変わることはよくある。つまり、こう覚えておこう。

環境が変われば人間関係も変わる。

今まで一緒に歩んできた友達や仲間と別々の道を進むことになっても、それは仕方のないことなのだ。

その瞬間は、なんとも言えない寂しさがあるだろう。しかし、ここで「波長の法則」があなたを助けてくれる。

行った先で同じような思い、同じような価値観を抱いた人との出会いが、必ずあなたを待っている。そこから、また新しい人間関係のドラマが始まるのだ。

◆恋愛にも「波長の法則」は作用する

これは恋愛にもあてはまる。たとえば、大学時代に仲のよいカップルがいたとしよう。二人は卒業して別々の会社に就職する。

女性は新入社員としてチヤホヤされやすく、男性は下っ端に突き落とされ、途端に社会の厳しさや洗礼を受けることになる。男性は毎日「チクショウ」という思いで働いているが、女性は毎日楽しそうに見える。そこで二人の間に溝が生まれる。

女性が、「今日、職場の先輩がランチを奢ってくれてね、いい人で相談にも乗ってくれるの」と言うと、男性はカチンときて、「お前、その先輩に狙われてんじゃないの？」などと、よけいなことを言ってしまい、ケンカの発端になる。

女性からしたら、いつもイライラして器の小さい彼氏に幻滅し、一方で仕事ができて優しい職場の先輩をカッコいいと思うようになる。

そういうとき、女性は驚くほどドライになる。「価値観が合わなくなったね」などと女性からあっさり別れを告げたりするのだ。

これも「波長の法則」。

こんなふうに、恋愛でも自分の環境が変わると、今まで一緒にいたカップルの見方も人間関係もおのずと変化する。

人が成長するとき、波風が立つのは仕方のないことなのだ。それがイヤだったら、成長を諦めて今のままでいるしかない。

しかし、**人間は何かに影響を受けながら価値観を変えていく生き物**。

永遠に今のままでいるということは不可能なのだ。その波長のズレた人間を無理やりつないでおこうとするから、人間関係が歪んでしまうことになってしまう。

相手に合わせすぎるのはもうやめよう

ガマンするクセよ、さようなら

考え方が変化してくると、自分がいた環境、仲間たちとのズレが生まれる。これは相手が親、職場の仲間、配偶者、恋人、誰であっても同じ。ここで悩む人は多い。

そして、いくら波長が合わなくなったとしても、「親子だから」「仕事に差し支えるから」「ほかの人もやっていないから」といった世間体やしがらみ、人の目などが邪魔して、どうしても「ガマンする」というマイナス方向に行動を導いてしまう。

しかし、現実にあなたがもし今、自分のまわりにいる人との付き合いに違和感があるなら、それはあなたの価値観が変化している証拠。つまり波長が変わってきている証拠なのだと捉えよう。だからこそ伝えたい。

人間関係の常識にしばられて、自分の気持ちを押し込めてしまうのはやめよう。

あなたは、これ以上、相手に合わせすぎて生きていく道を変える必要はないのだ。

◆「べき」を外せばうまくいく

人はみな感情を持って生きている。その感情は大きく分けて「好き」「楽しい」「ワクワクする」といったプラスの感情と、「イヤだ」「嫌い」「気が進まない」といったマイナスの感情になる。

何かを始めようとするとき、私たちが常に感情をプラス方向に持っていくことを邪魔するものがある。

「ガマンしなければならない」

「イヤでもうまく付き合わなければならない」

「好きな人とばかり付き合うなんて、わがままなことだ」

こうした声が無意識に頭をよぎる。たしかに人間関係の中で生きている以上、すべてを自分の思いどおりに進めることは難しいかもしれない。しかし、だからといって、必要以上に自分自身の感情を抑えると、心が疲れてしまう。

人はみな、自分にゆとりがあるときは、相手のことを思いやることができる。感情がプラスに向いているときは、人に優しくできる。

心豊かに仕事ができていれば、部下やチームのメンバーにゆとりを持って接することができる。

自分が満たされていれば、子どもや家族に優しくできる。

自分の恋愛がうまくいっているときは、まわりの人の恋愛相談を何時間でも聞くことができる。

つまり精神衛生上、自分を安定させることで、人に親切にできるようになるのだ。そういう感情を作っていくためにも、イヤなことは心の中からなくして、自分を豊かにしてくれる人と付き合ったほうがいいのだ。

人を「イヤだ」と思うことへの罪悪感を手放そう

◆「イヤだな」と思う人はいて当然

優しすぎる人や気を使いすぎる人ほど、誰かを嫌うことに自分の中で強い抵抗感を持つ。そういう人は相手を嫌いだと口にしたがらないし、してはいけないと思っている。

この本を手に取ってくださったということは、多かれ少なかれ、あなたもそのタイプではないだろうか。

誰かを「イヤだな」と感じてしまうことは悪いこと――この罪悪感はいらない。

そんな価値観を無意識に抱き、自分の中の「イヤだ」という感情にフタをするのはもうやめよう。それを持ち続けているから、いつまでも悩み続けるのだ。

今の生きづらさは誰が作り出しているのか？

イヤな人がいる職場や学校など、どうしても毎日顔を合わせなければならない状況で、イヤと感じること＝罪悪感を持つタイプの人は、相手に自分の気持ちを悟られまいと作り笑顔で対応しているのかもしれない。

しかし、そういう人によくしすぎると、あなたは苦手にも関わらず、相手はあなたを好ましく思うという、相容れない関係性ができてしまう。

そうなると、イヤな気持ちを隠しながら、延々その相手と付き合わなければいけないという酷な状況が続く。これはきつい。

そしてこれは、「どんな人ともうまく付き合っていかなきゃ」と思ってしまうタイプの人ほど、そういう状況を自ら作り出してしまう傾向にある。

そうなると、相手はあなたの気持ちにまったく気づかず、あなたの心にグイグイと土足で踏み込んでくる。そんな態度に、あなたはさらに傷つけられてしまう。

こういうケースは少なくないが、残念ながらこれは明らかにあなたの対応ミスが生んだ自爆行為だ。

一見相手が悪いように思えるが、その状況を生み出しているのは相手だけではない。気持ちにフタをし、相手を受け入れる態度をとっているあなたにも原因はある。

そのスタンスを、もう一度考え直してみる必要がある。

「みんなに好かれなければならない」という病

◆そもそも友達は100人もいらない

小学校に入学するとき、こんな歌を歌った記憶があると思う。

「ともだち100人できるかな♪」

入学式で歌わせられるくらいだから、「友達は多ければ多いほうがいい」という考え方が幼いころから根付いているのも無理はない。

しかし、大人になるにつれ、この常識は崩れていく。誰にでも愛想がいい人は、八方美人と呼ばれ、なんとなく信頼できない人というレッテルを貼られることもある。

そもそも、「私には親友と呼べる人がたくさんいます」という人がいても、この忙しい時代に何十人という親友全員と密に付き合うなんて不可能だ。実際、ＳＮＳ上で友達が何千人いても、本心を言えるのは片手で数えられるくらいという人がほとんどだろう。つまり、どう考えても、

交友の親密度レベルが上がれば上がるほど、本心を言い合える人が少なくなって当然なのだ。

人にはどうにもできない「相性」というものがある

いまだに教育の現場では、数十年前と変わらず「友達をたくさん作ろう」が常套句になっていて、昔も今も変わらず、「友達はたくさん作らなくてはいけない」という刷り込みをされている。

子どもどうしがケンカをしたら、「仲良くしなさい」と怒られる。「ケンカをするなら一緒にいなきゃいい」などと言おうものなら、言ったほうが白い目で見られる。

しかし、その場限りで仲直りをさせられて、心の底から仲良くなれるのは幼少期まで。それ以降は、子どもどうしでも相性が出てくる。そのことを考慮しない大人たち

に怒られると、「仲良くできない自分が悪い」と思ってしまう人が増えてしまう。

そんな教育をされてきた私たちは、大人になってもなお「みんなと仲良くしなくてはいけない」「みんなに好かれなくてはいけない」と無意識に感じている。「人を嫌いになるのは、よくないことだ」と思い込んでいるのだ。これが人を苦手と思うことに対する罪悪感の正体だ。

はっきり言って、**みんなで仲良くするのは不可能**。

キリスト教信者はお釈迦様を好きではないかもしれない。イスラム教の人はキリストが嫌いな人もいるだろう。みんなに好かれよう、みんなと仲良くしようと思うことは、神様でもできないことにチャレンジしているということになる。

よく考えてほしい。神様でもないあなたが、そこに挑む必要など何一つない。

理屈に合わない無謀なことは、今すぐにやめよう。

「好き」で自分の時間を埋め尽くそう

◆ 自分がワクワクするものに集中する

日本人はイヤな人から誘われたとしても、はっきりと断ることができない人のほうが圧倒的に多い。そういう人に、

「相手との関係に距離を置いてみてはどうでしょうか？」

と言ってもリアルな解決策ではない。

「それができれば、それに越したことはないんですがねえ」

この後には「でも無理なんです」という言葉が続くことは聞かなくてもわかる。で

あれば、どうしたらいいのか？　これが、この本でいちばん伝えたいこと。

プロローグにも書いたが、こういう人に使う時間を減らす解決策は一つしかない。**それはあなたの好きな人や好きなことに向ける時間を、今の何倍にも増やすということ。**

好きな人との時間を増やせば、必然的に嫌いな相手と過ごす時間も悩む時間もなくなる。

イヤな相手から誘われたときも、ウソ偽りなく「今、忙しい」とか「どうしてもその日予定があって」と手帳をあえて見せながら、申し訳なさそうに断るという大義名分ができる。

つまり、あなたが好きな人、付き合いたい人との時間を、許される限りめいっぱいあてれば、あなたがイヤな人が入る隙間がなくなる。

結果的に、自分の心にウソをつくことも、相手に気をつかうことも、イライラすることもなくなるということになるのだ。

◆居心地のいい心の安全地帯を持とう

あなたがいい人生を歩みたいと思うなら、なるべくいい環境に身を置くことだ。ビジネスマンやＯＬさんも同じ。居心地が悪い会社にいるなら、潔く辞めることも視野に入れよう。どうしても辞められないのであれば、会社以外で自分が居心地のよい場所を作るのだ。

何かのコミュニティに入るのもいい。趣味のサークルに入るのもいい。仕事以外の時間を精一杯使って、あなたの心が落ち着く安全地帯を持とう。

もし今、職場のことで悩んでいるとしたら、その外で自分を満たすことをしなければ心が疲弊してしまう。だからこそ、「ここにいれば安心」「ここにいると心が明るくなる」という場所を今すぐ確保すべきだ。

そうすることで心が満たされていけば、必然的にあなたが今悩んでいる職場に対する見方も変化するはずだ。

人生は有限だ。限りある時間をめいっぱい、好きな人、好きなことで満たそう。この世であなたにいちばん大切なものは、あなたの精神状態、つまり心のあり方なのだから。

時間の使い方ひとつでストレスは消える

たとえば、

・あなたが心置きなく話すことができる友人との時間を増やす。
・あなたのことを励ましてくれる人との時間を増やす。
・向き合っているだけで時間があっという間に過ぎてしまうことに、いつも以上に時間を割く。
・考えているだけで幸せになれることに、もっと時間を使う。

今あなたがイヤな人のことで悩んでいるのなら、このようにあなたの時間の使い方を変えれば、それはすぐに解決する。

そのために大切なことは、まずはあなたが好きな人や好きなことと、イヤな人やイヤなことを、自分の中で明確にすること。そうしないと、ストレスが日ごとにたまっていくことになる。

あなたが誰かを嫌いだと思う気持ちは、悪いことではない。感情を持っている人間なら、当たり前のことなのだ。

このことを自分にちゃんと許可することが、あなたがよい人生を歩むためには大切なことであり、この本であなたにいちばん伝えたいことなのだ。

本当に大切なことに時間を使おう

◆ 好きな人と「だけ」生きるのは悪いことじゃない

当たり前だけど、その瞬間瞬間、人は一つのことしか見ることができない。集中して本を読んでいるときに、今夜のご飯のことは考えられないし、壮大な景色を目の前に感動しているときに、仕事のスケジュールを思い出すことはない。ということは、**嫌いな人のことを考えたり悩んだりしている時間は、あなたが好きな人、大切な人のことを忘れている**

という、とてつもなくもったいない事実がある。そう考えると、これまで嫌いな人のことで、いかに無駄な時間を費やしてきたかと気づくのではないだろうか。

たとえば恋人とうまくいっているときは、世界の人たちがすべて幸せであってほしいと願う。

しかし、いったん恋人とうまくいかなくなると、通りかかったカップルを見て「別れてしまえ」と思ってしまったりする。誰もが一度は、こんな経験をしたことがあるだろう。

何度もくり返してきたが、人は自分が幸せでゆとりがあるとき、ほかの人の幸せを考えることができるが、逆に自分が不幸だと感じているときは、まわりの人のことを考えることができないどころか、他人の幸せが許せなくなる。ということは、

自分にゆとりや幸福感を持つことは、まわりの人の幸せにつながる

ということになる。

だからこそ、あなたが何をするにしても、好きな人と一緒にしたほうがいい。好きな人といるだけでポジティブ状態になり、あなたのパフォーマンスが自動的に上がるのだから。こんなにシンプルな方法はない。

同じ仕事をするのに、好きな人とするのと嫌いな人とするのとでは、モチベーションがまったく違うのだ。

無理してすべての人を大切にしなくていい

一期一会――「生涯に一度しか会わないかもしれないから、出会った目の前の人を大切にしよう」という意味である。

しかし、出会った人すべてを大切にするのは、どう考えても無理がある。

そもそも出会う人すべてがいい人とは考えられないし、大切にしたいと思う人とも限らない。それに、この忙しい時代のなかで、物理的に考えても出会った一人ひとりを大切にしている時間などとれるはずがない。

であれば、あなたにとって大切にしたい人なのか、そうでない人なのかを決める必要がある。そこをはっきりさせて、嫌いな人、苦手な人と一緒にいないという選択をするべきだ。

「イヤな人は、あなたを成長させるためにいる」

「どんな相手でも、相手から学ぶことがあるはずだ」

と言う人もいるが、それはよほど逃げられない場所にいる人の心を、いくらかでも楽にするための方便だ。

そこまでの関係でないのであれば、そんな人のために寝る間も惜しんで悩み、エネルギーを消費することはない。

たいがいは、あなたが寝ずに悩んでいたとしても、その相手はいびきをかいてちゃんと寝ている。そう考えるとバカバカしい。時間のムダ使いだ。

あなたのエネルギーは、もっとあなたの大切な人のために使うべきだ。

あなたが心から好きな人、大切にしたい人に全力を尽くそう。

これなら、そんなに難しいことではない。

それこそが本当の意味での「一期一会」なのだ。

決断に迷ったときほど「好き」で選ぼう

◆「好きこそものの上手なれ」は真実

好きな人、好きなこと、好きな自分——。「好き」とは言っても、その言葉の意味はとても広い。異性に対する「好き」と、同性に対する「好き」は異なるし、親が子どもに対する「好き」もまた異なる。

あえて、ここで伝える「好き」の定義は何か、考えてみよう。これはあくまで私の考えだが、対象が誰であれ、

「好き」ということは自分が自分らしく、自然体でいられることではないだろうか。

となると、「嫌い」という定義は必然的に「自然体でいられない」「自分らしくいられない」状態であることと言える。

以前、こんな男性の話を聞いたことがある。

ある有名な霊能者に「独立したほうがいいか」と相談したところ、「独立してもしなくても、あなたの人生はボチボチだろう」と言われたそうだ。それを聞いた男性は、「そうか、どっちを選んでもボチボチなのか……。どうせそうなら好きなことをしよう！」と決め、独立すると決意したらしい。

その後、彼が始めた事業は大成功し、今でもそのジャンルの第一線で活躍している。

私はこの人が成功した要因は、「好き」を選んだこと以外にないと思う。

好きだからこそ没頭し、好きだからこそ研究し、好きだからこそ努力し続けられた。それらが彼を成功に導いたのだ。

迷ったらワクワクするほうを選ぼう

「好き」を基準にして成功した彼のようなケースは少なくない。

仕事にしろ、人間関係にしろ、何か迷ったときこそ「自分が好きなのはどちらか」という基準で判断するほうがいい。

たとえば、二つの転職先に迷ったとき、

「給料はいいが、やりたいことができない会社」

「やりたいことはできるが、給料は安い会社」

という二社であれば、迷わず後者を選ぶべきだと私は言いたい。


収入を上げていくことは、そんなに簡単なことではない。にもかかわらず収入面を第一にして仕事を選ぶと、お金を求める欲求のために、「隣の青い芝生」につられて、またすぐに会社を辞めることになりかねない。

やりたいこと、好きなことを選ぶほうが、モチベーションが上がり没頭できる。結果、収入も上がっていく。


先ほど「好き」ということは自分が自然体でいられることだと言ったが、自分が心の底から好きなことをすることではじめて、心がリラックスした状態でいられる。

人は日々選択の連続。ビジネスシーンだけではない。何を食べるか、何を着るか、どこへ行くかなど、あなたの行動すべてが選択の連続なのだ。


どんなときも、心からワクワクするほうを選択する習慣を身につけよう。

何かに迷ったとき、分岐点に立たされたときこそ、どちらが好きかという視点で物事を選択しよう。

それこそが、あなたが後悔しない人生を歩む唯一の道なのだ。

好きな人と「だけ」でスケジュールを埋め尽くす

◆「会いたい人」との時間を最優先する

ここではちょっと常識と逆のことを言うかもしれないけど、「あ、そんなスタイルもあるんだな」というくらいの気持ちで読んでほしい。

手帳に予定がびっしり詰まってる人は多い。すべてを手帳管理のもとに、計画を進める人はけっこういる。「忙しいんだよねー」はよくわかるし、本当に忙しい人には必要かもしれない。

そういう人はのぞいて、結構多いのが予定欄が空白だと不安になる人。遊びでもなんでも予定を入れることで安心する人。そんな人に言いたい。

思い切って一度、その予定を白紙にしてみたらどうだろう。本当に会いたいと思う人にしか会わないという選択に切り替えてみるのだ。

そのほうが自分のペースを自由に保てる。そのようにスケジューリングしているほうが、直感に従っていちばん大切な時間を選ぶことができる。極端に言えば、予定なんか当日に入れればいいとさえ私は思っている。

予定を詰めすぎると、自分にとって「本当に大切なこと」が目の前にやってきたときに、そこをスルーしなければならなくなることがある。

「予定を入れても、気が進まなければ、当日ドタキャンすればいいじゃん」と言う人もいるが、それでは信用を失ってしまう。人を敵に回すと、結果的に将来自由がなくなってしまうから、それは賢い選択とは言えない。

◆ 予定を入れる前に必要性を考える

では、具体的にどうするのか？　答えは簡単。

気の進まないことなら、最初から予定に入れなければいい。

「この予定は本当に入れなきゃいけないの？」

「ひょっとしたら必要のない予定なんじゃないか？」

「あとになって後悔しない？」

「その予定は、考えただけでワクワクするもの？」

自分にこう聞いてみればいい。いくら誘っても行かないと、「あいつは自由人すぎる」とか「付き合いが悪い」となり、やがてお誘いがかからなくなる。

いいじゃないか、合わないところに行って無理するよりそのほうがずっとマシだ。そんな行きたくない誘いばっかり受けていると、いつのまにか自分を押さえこむ人生になってしまう。

あらかじめ予定にゆとりを持ち、できるだけ好きな人と過ごせる時間を最優先する。

それをわがままと思わなくていい。ビジネスでもプライベートでも、可能な限り自分の直感を最優先すればいい。

「それじゃ仕事にならないよ」と思うだろうか？

しかし実はちゃんと成り立つんだな、これが。

気が進まない予定に縛られると、あなた自身が偽りの自分を演じなければならなくなる。そうなると、長い目で見るとパフォーマンスが下がる。そうなると、いい仕事ができないから、結果として仕事が減る。

逆に自分にゆとりを持つと、余分な力が抜けて本来の自分に戻るから、ここというときに力を発揮することができる。

パフォーマンスが上がって当然いい仕事ができるから、ほったらかしておいても向こうからオファーがやってくる。

本当に必要な予定だけを残して、あとはできる限り自由に生きていくという選択肢も好きな人と「だけ」生きていくための効果的な方法だ。

その付き合いは本当に必要なのか？

◆人脈を棚卸ししてみる

人と人が出会うと、その中には関係の線ができる。これを人間関係と言う。当然だが、出会いが増えるたびに、その線の数は増えていく。そしてともに歩いていく中で、太い線、細い線、切れる線がジャッジされていく。

しかし、あなたの体は一つだし、時間も有限だ。人とのつながりばかりに時間を使えるわけじゃないし、その線にがんじがらめにされると、何もできなくなってしまう。

この時間配分に悩む人は多い。そんなときは一度、自分の付き合いを見直してみよう。そして、ここからはできる限りつながりを吟味しながら作っていこう。

むやみやたらに付き合いを増やして度を超えると、しがらみというものが生まれる。付き合いの数だけ、悩みの数も増えていくのだ。

悩みの数が付き合いの数に比例して増えていると感じたときは、しっかりと自問自答してみよう。

・自分の本当に大切な人は誰なのか？
・今のつながりは、今の自分にとって本当に必要なものなのか？
・今、自分はまわりにいてくれる人を大切にできているのか？

こうして棚卸ししてみると、悩みから抜ける早道が見えてくる。

コミュニティには負の側面もあるということを知る

あなたは今、どこかの組織に属しているはず。会社はもちろんそうだが、ほかにも友達のグループやコミュニティ……、どこかに属しているのではないだろうか。

人と人とが出会うと、人間関係ができ、組織となっていく。組織は作り上げていくときがいちばん楽しい。しかし、安定してくるにつれて生まれる「あるもの」に、人は必ず染まっていく。それは、その組織ならではの常識や空気だ。

その常識が、みんなが幸せになるものならいいが、どこか偏っていたり、首をかしげたくなるようなものが生まれることも多い。

子どものころのグループと同じように、大人になった今でも、「あの暗黙のルールはいったいなんだったんだ？」と冷静に見ればはっきりと見えてくるおかしなものに思考を支配され、そのことをなんの違和感もなく受け入れていることもある。

大人の世界だって、強者弱者のバランスはある。そしてそのパワーバランスは子どものころとたいして変わらない。

もし、あなたが今いる組織に違和感を感じたら、そこを冷静に見直してみたり、ほかの組織に触れて視野を広げてみたりするのも一つの方法だ。

常識は一つじゃない、そう気づいたときに、あなたの世界はもっと広がっていく。

「好きな人」を紙に書き出してみよう

◆3年後も一緒にいたい人は誰ですか?

コーチングやコンサルティングを受けてくださるクライアントに、「自分の人間関係を見直す上で、あのワークは衝撃だった!」という言葉をいちばんいただいているワークを紹介する。

好きな人とだけ生きていくためには、まず、あなたの人間関係を見直す必要がある。そこを可視化することで、あなたが本当に好きな人を確認するのだ。

まず、1枚の紙とペンを用意し、真ん中にあなたの名前を書く。

次に、あなたを包むように円を書き、その中にあなたが好きな人、大切にしたいと思う人の名前を書く。目安は

「3年後も一緒にいたい人かどうか」

で、人数は20人から多くても30人。

これで第1陣の円の中が埋まったら、その外側にもう1つ円を描いて、第2陣「その次に大切な人」を書いていく。あとはそのくり返しだ。

書く人によっては、この円が何重にもなる人がいる。それはそれでまったく問題ない。第一陣の円があふれ返ってしまい悩んでいる人がいたが、それはとても幸せな人である。

逆に数人しか書けない人もいる。それもそれでいい。少人数なほど、その人にとって本当に大切で貴重な存在であることを再確認できるからだ。

こうして紙に書き出してみると、あらためて自分が好きな人、そうでない人がはっ

きりし、自分の本心を確認することができる。

少し怖いと思うかもしれないが、あなたの好きな人、大切にしたい人を明確にすれば、今後のあなたの行動は変わる。

このワークで覚えておいてほしいことがある。それは、この作業は必ず一人で行い、誰にも見せてはいけないということ。

誰かと一緒にやるとか、誰かに見せるとなると、

「家族だから書いておかなければ」

「お世話になっているから書かなきゃ」

といったバイアスがかかり、本心が遮られてしまうからだ。このワークにおいては世間の常識や建前を一切外して考えることが大切になる。

自分にとって本当に好きな人、大切な人とは誰なのか?

ここをあなた自身が知るためのワークなのだから。

◆半年に一度、人間関係を見直す

この「人間関係ワーク」には、続きがある。半年に一度、この円を見直して書き換えていくのだ。

そうすることで、自分の人間関係が時とともにどれだけ変化し続けていくのかに気づく。離れていく人もいれば、新しく出会う人がいることにも気づく。だからこそ、半年に一度くらいはこのワークを定期的に行うことをオススメする。

それを再確認するために、時間があるときにでも、一度「3年前に同じワークをしていたら」と想定して、記憶を遡ってやってみるのもいいと思う。

すると、確実に今とはガラリと違った名前が書かれていたはずだ。結果を見て少し寂しいと感じる人もいるかもしれないが、それは決して悪いことではない。

人間関係が変化していればしているほど、あなたが進化し、成長していることの証明だととらえればいい。

何よりもまず、今あなたが好きな人、大切にしたい人を明確にしよう。

それが、あなたがこれから好きな人と「だけ」歩いていくための絶対的な基礎となる。

第2章

イヤな人にこれ以上時間を使わない

イヤな人からは全力で遠ざかっていい

◆イヤなことはイヤと言っていい

「職場でとても意地の悪い人から嫌われてしまいました。どうしたらいいでしょう」

先日、こんな相談が来た。

「よかったね。全力で逃げるか無視しましょう。それでも何かしてきたら、ガマンせずにケンカしてくださいね」

そう答えた。暴論のように聞こえるかもしれないけど、それがいちばんうまくいく方法だから。

「え、そんなことしていいんでしょうか？」

ほぼ100％、こういう反応である。それが普通かもしれない。でも、今ですらガマンしているのに、中途半端に受け答えしていると、さらにやられてしまう。

「時が経てばなんとかなるだろう」「辛いけど、受け入れる心を持とう」などという人もいるけど、それはリアルを知らない無知の言葉だ。

いくらガマンしようが、時が経とうが、こうした状況が落ち着くことはまずない。それどころか、たいがいはエスカレートするのがオチだ。もし仮に落ち着いたとしても、その前に自分が壊れてしまう。

イヤな人には、勇気を持って距離を取ろう。

この手の話の相談をたくさん受け、いろんな方法を試してきたが、私のデータでは、距離をおくこと、これがいちばん効果がある。

そうすることで、その人から仕事上で意地悪をされるかもしれない。困らされることがあるかもしれない。それもすべて理解した上で、こう答えている。

イヤな人とは距離を置こう

ちょっと考えてみよう。仕事も大切ではあるが、いちばん大切なのはあなた自身の心であり人生だ。

程度はわからないが、そもそもそんな意地悪な人が、のうのうと居座ることができる会社にも問題がある。本当にいい空気の会社なら、そんな意地悪な人はずっとはいられないはずではないか。

もし、あなたがイヤな人から嫌われたら喜べばいい。だって、あなたはイヤな人と同類じゃないってことだから。

イヤな人はイヤな人たちで集まる。

人を仲間はずれにすることが好きな人。

人の不幸が大好きな人。

いつも誰かの悪口ばっかり言っている人。

そんな人に好かれるということは、「波長の法則」から見ると、あなたもそういう人と同じ部類の人間だということになってしまう。イヤな人には近づかずに遠慮なく離れればいい。

相手はまず変わらない。だいたい、そういう人に限って「自分って本当にお人好しだよな」なんて考えていたりする。そういう人の心を変えようなどと、無謀な正義感は出さないほうがいい。

静かにフェイドアウトすればいいのだ。

「あれ？　いなくなっちゃった。なんでだろう？」

相手にそう気づかせ、考えさせることも、見方を変えればひとつの優しさ、あえて離れるという愛とも言える。

自分を抑えてまでイヤな人に合わせなくていい。あなたがやることは、ほかにもっとたくさんある。

イヤな人にはむしろ嫌われたほうが好都合

◆有限なエネルギーを誰に使うか

よく、「イヤな人とうまくやる方法はありますか？」と聞かれる。そういうとき、私は決まって、「そんな方法はないし、あったとしても時間と労力がもったいない」と答えている。

なぜなら、イヤな人に対しては、一緒にいるときも気をつかわなければならないし、帰宅してからも会話を思い出してウツウツとすることもあるだろう。つまり、あなたのイヤな人は、あなたのエネルギーと時間を奪っていく泥棒のようなものなのだ。

「イヤな人とどう付き合うか」を考えるくらいなら、「好きな人と付き合う時間を増や

すためにはどうしたらいいか」を考えたほうが、よほど効率的で建設的だ。

よく「イヤな人でも、いいところを見つけて大切にしましょう」と言う人がいるが、そもそもイヤな人にエネルギーを費やすほど、あなたの気力体力はあり余っているのだろうか。

イヤな相手は状況を理解するだけでいい

人は、自分にとって都合の悪い人を批判したがる。人の悪口や批判というものは、たぶん人類が言葉を使い始めてからずっとあるものだろうし、たぶんこれからもなくなることはないだろう。

ひょっとすると、あなたもその餌食になったこともあるかもしれない。誰だって感情がある。自分のことを悪く言われたら、どんな人だってイヤな思いをする。いわれのないことを言われたとき、もしすぐに切り替えられられないときは、こう考えればいい。

人の悪口をいつも言ってる人、それを聞いてる人は暇なのだ。

そう相手を理解するだけでいい。

「どんな人にもいい面はある。だから、マイナス面じゃなくてプラス面に目を向けよう」などと無理して相手を好きになろうとするより、相手の状況を理解しようとつとめたほうが、心が落ち着く。


悩む回数や周囲からの悪口が、接触回数に比例して増えていると感じたときは、思い切ってその人間関係を棚卸しして廃棄するのも解決方法になる。

そこに時間を使うより、あなたはあなたでやることがたくさんあるはず。忙しいあなたが、暇な相手に付き合うことで、もっと大切にしたい人のことに使う時間や、自分自身の心を豊かにする時間をどれだけロスしているかを考えたほうがいい。

イヤな人には歩み寄らない

誰もが、イヤな人とはできることなら住み分けて生活したいと願っている。それができないなら、むしろイヤな人からは嫌われたほうが、あなたにとって都合がいい。

イヤな人から好かれることは、必然的にあなたもその人と同じ部類の人間ということになってしまう。さらに、そのイヤな人に好かれようとして生きることは、その人に主導権を渡しているのと同じことになる。

であればなおさら、イヤな人に嫌われたら万歳だ。そのほうが近づかなくてすむ。

そもそも、あなたがイヤな人、苦手な相手も、あなたのことを苦手としている可能性が高い。以心伝心という言葉のとおり、嫌っている気持ちを隠しているつもりでも、相手には伝わっているものだ。

今まで苦手だと思った人の顔を思い出してみてほしい。「お互いに苦手意識を抱いていたかもしれない」という人が多いはず。

しかし、これはいいことなのだ。相手もあなたをイヤだと思っていれば、自然とあなたに近寄って来なくなる。中途半端にお互いが自分を押し殺して、腹に一物も二物も抱えたまま付き合っていくより、そのほうがずっとトラブルを起こさなくなる。

だからこそ、あなたからコミュニケーションをとる必要なんてない。

嫌いな人どうしが歩み寄ることは難しい。
であれば、あなたがイヤな人、苦手だと思う人から離れ、うまく住み分けたほうが、
あなたのためにも相手のためにも、そしてまわりにいる人のためにもなる。

イヤな人と戦ってはいけない

◆イヤな人は目にすら入れない

自分を悩ませる人、どうしても受け入れがたい人というのは、必ず存在する。その人と同じ時間を過ごさなければいけない時間というのは、ほんとうに憂鬱なものだ。

職場や学校、コミュニティなど、顔を合わさざるを得ない場所にその人がいると、それだけでその場所がイヤになり、行きたくない場所となってしまう。

たとえ、その人以外はみんな好きな人であっても、イヤなあの人がそこにいるだけで、あなたはそこに行くことに対して明らかにモチベーションは下がり、拒否反応すら出てしまう。

そう考えると、イヤな人の存在というものは、あなた自身にとても影響を与えていることがわかる。

イヤな人にあなたのメンタルを左右させられているという状況。

それだけでなく相手を嫌だと思っているにも関わらず、相手の存在を非常に気にしているという状況。

こうした状況の中で、まず明確に言えることは、

イヤな人とは戦ってはいけない

ということ。ムキになって戦ったとしても、いいことなど何もない。相手にとっては「待ってました」となるかもしれないが、あなたにとっては蟻地獄のようなもの。

とにかく、こういうときに大切なのは、あなたのメンタルを守ること。つまり、相手の影響を受けないことだ。

自分を守るための4つの「さる」

では、具体的にはどうしたらいいのかをお伝えしよう。とってもシンプルなことだ。4つの行動を取ればいい。

相手に対して「見ざる、言わざる、聞かざる」という状態でいること。加えて「その場を去る」こと。

つまり、その相手のテリトリーからさっさとどこかに消え去るということだ。そもそもいくらその矛先があなたに向いたとしても、攻撃が届かなければその人が一人で吠えているのと同じ。戦い疲れてやがて自爆する。そういう相手は、残念ながら幸せな人ではない。そもそも幸せな人というのは、人を攻撃しない。自分が満たされているから。

悩んでいる人にこう伝えると、こういう悩みがよく返ってくる。

「でも、その人にあることないことを撒き散らかされるかもしれない」

そうかもしれない。しかし、たとえそうでも戦わないほうがいい。

「波長の法則」から考えると、攻撃タイプのイヤな人のまわりにいる人も、同類のタイプなのだ。そういう人もまとめて、あなたのそばから自動的にいなくなってくれたとすれば、あなたのまわりには、もうあなたの好きな人しか残らないということになる。逆に都合がいい。

そういう困ったタイプの人がへたに集まってくるほうが、悩みが絶えなくなってしまうので、少しだけ視点を変えれば、その相手に感謝してもいいくらい「4つのさる」は合理的なことなのだ。

◆ 徹底的に無関心を貫こう

もうちょっと具体的に書いておこう。この4つの「さる」は、情報の面つまりSNSやブログでも同じ姿勢を取ろう。つまり、**イヤな人に関する情報をむやみに見ない、聞かない、言わない。その話題の場にもいないようにする。**

人は、イヤな人がいると、怖いもの見たさで思わず目で追ってしまう。それでは相手にみずから注目していることになる。自分から視界に入れてモヤモヤするなんてバカげているし、時間がもったいない。それならば、相手がいてもその存在を視界に入れないように意識しよう。

仕事上で付き合わなければならないなら、必要最低限の話だけですませよう。無理に仲良くなんかしなくていい。

もうひとつつけ加えておくが、あなたが相手を嫌いでも、そのことを人に言ってはいけない。とにかくそのために使う時間を徹底的に削除するのだ。

その人を嫌いだと誰かに伝えることで、一瞬は気が晴れるかもしれない。しかし、人の脳はイヤなことを話すと脳の中で再現され、記憶が強まってしまう。人に話せば、その記憶や感情をリピートすることにつながる。そして、その気持ちは自分の心のなかで動き、成長してしまう。

できる限りほかのことに視点を分散して、自分の記憶の奥深くに早く沈めたほうがいい。それから、

たとえ何か言われても聞き流すこと。無関心を貫くことだ。同じ場所にいても、いないものとして立ち振る舞おう。

あなたが取るべき姿勢は無関心であって、無視ではない。無視とは、一度聞いて受け流すということ。そんなに親切に耳に入れる必要はない。そうではなく、あなたのなかで完全にシャットアウトするのだ。とにかく相手に関心を向けないために、耳からの情報もなるべく入れないように意識しよう。

「そんなこと本当にしていいの？」

あなたは、そう思うかもしれない。しかし、していいのだ。やれば体感でわかってもらえると思うが、不思議なことに、物理的に距離を離していけばいくほど、相手がいつの間にか、あなたの心のなかから消えていっていることに気づくはずだ。

イヤな人から去れないのはなぜか

正体が見えないから不安になる

「会社を辞めたい」「離婚したい」「もっと好きな人とだけ生きていきたい」――そう思っても、今すぐ行動に移すのは難しいと、多くの人が思うだろう。

なぜ、そう思うのか。その理由には2つある。

1つめは、慣れ親しんだ人から離れると、困ることが起きてしまうという不安から。

2つめは、その不安の正体をはっきりと理解していないから。

たとえば、今の環境を変える大きな理由として、仕事系では、

「次の就職先が決まるだろうか」

「経済的に不安」

「起業するのは難しい」

などがあり、仕事以外では、

「離婚したら一人で育てられるだろうか」

「今のコミュニティを抜けたら、まわりからなんと言われるだろう」

「子どものためにママ友会に参加しなきゃ」

などがある。


いずれも金銭面、メンタル面、社会の視線などが混ざり合っている。ざくっと挙げればこんなところだろうか。

不安の正体をとらえよう

何に困るのかをはっきりさせるために、まず、あなたが感じる不安を紙に書き出してみてほしい。不思議だが書くことで、その相手から離れたあとの不安の正体が見えてくる。これは騙されたと思って、ぜひやってみてほしい。

次に、紙をもう一枚用意して、あなたが「イヤだな」と思う人を書き出してみよう。一人ひとりピックアップして、今あなたが顔を合わさなくてはならない理由を書き込む。

次に、実際に行動する・しないは置いといて、自分ができる対応策を書き出してみる。たとえば、「同じ会社にいるから（イヤな相手と）離れられない」と思うなら、「会社を辞める」という対応策を書く。

「同じコミュニティにいるから離れられない」と思うなら、「そのコミュニティを辞める」という対応策を書く。

「ママ友と付き合っていないと子どもがいじめられるから」と思うなら、「転校させる」という対応策を書く。

「イヤなご近所さんがいる」なら、「思い切って引っ越す」と書いてみる。

イヤなのが家族であっても、本当にイヤなら離れることも対応策として書いていい。

大切なのは「そんなこと無理」と思ったとしても、可能・不可能をはずして、法律の範囲内でできることを、まず書き出してみることが大切なのだ。

このワークをすると、大切なことが見えてくる。

「同じ会社の同僚だから」
「同じコミュニティにいるから」
「昔からの付き合いだから」
「ご近所だから」
「家族だから」

というように、離れられない理由が「社会的な関係性に縛られている」ことが多いのに驚くだろう。そして、それはとらわれであって、本当は、**自分自身が「イヤな相手から離れてはいけない」というルールを作って逃げている**ことに気がつく（ただし書いて眺めた紙は捨てたほうが無難だろう）。

そのガマンの先には何があるのか

◆「なんとなく」というガマンを捨てる

不安を書き出すことで、「私の不安ってこんなもんか」と思うことは実に多い。
私がいつもコーチングやコンサルティングの仕事でクライアントさんに聞く質問をここであなたにしてみたい。

「今のままガマンし続けて、得られるものってなんですか？」

こう質問すると、ほとんどの人が口をつぐむ。それがよく見えていないまま、なんとなく、まわりに合わせてガマンしていることに気がつくのだ。次にこう質問する。

「そのガマンを取り除くためには、何をしたらいいと思いますか？」

悩みを書き出し、ガマンから得られるものを確認していくと、自分のやるべきこと、やりたいことにたどり着く人が多い。

自動的に思考の切り替えが起き始め、不安をなくす解決策に目を向けることができるようになるのだ。

「今の会社じゃなくても、別の会社で同じことをすればいい」

「今すぐ収入がなくなっても半年くらいなら生活できる」

「離婚しても実家に帰って、私がフルタイムで働けばなんとかなる」

つまり、不安を紙に書き出すことで、

「これって泣くほど困ることじゃない。こうすればいいんだ」

ということばかりだと気づくのだ。

気をつけよう。不安はその正体を知らないと、また違う不安を連れてきてしまうから。

不安が消えれば悩みも消える

多くの人が目に見えない不安のスパイラルに巻き込まれ、思考ががんじがらめになってしまっている。

そして、悩む必要のないことを、わざわざ空想のなかでつかまえて怖がっているというのが実態である。

不安は見えないから不安なのだ。見えてしまえば不安ではなくなる。

そのために、まずは自分の不安を紙に書いてみよう。すると、途端に不安がちっぽけなものだと気づく。そう思えた瞬間、あなたは、

「そこを解決するにはどうしたらいいか」

という思考を動かしはじめる。

次のステップに進めるということだ。

よく「うまくいっている人ほど悩まない」と言われるが、それは何が不安で何をどうしたらよいかという明確な答えを把握しているからだ。

であれば、あなたも悩みを明確にし、その悩みはどうしたら消えるかと考えればいい。要するに、あなたの悩みの9割は、あなた自身が何が不安なのかをよくわかっていないことから来ているのだから。

悩むだけ時間の無駄、意味のない幻想なのだ。

イヤな人とストレスなく離れる方法

何があっても楽しくいよう

私のクライアントから、こんな話を聞いたことがある。

その人の職場では、パワハラ上司に社員みんなが悩まされていた。その上司はとても頭がよく、イヤがることをピンポイントで突いてくるため、反論できない。誰も何も言い返せない状況が続き、社内にはいつも不穏でピリピリした空気が流れていた。

そこで彼らは、

「職場では、何があっても私たちは楽しくいようね」

と話し合い、なるべくその上司の話題をしないように決めた。

さらに、上司に反発することも反撃することもしないようにした。モヤモヤした社内の空気に流されないように、お互い助け合った。

すると、ある日突然、その上司は自ら辞表を出したのだ。理由は、自分が部下たちからあまりにも嫌われていることに気づき、それに耐えられなくなったから。

彼には自分がパワハラをしているという意識はまったくなく、なぜ自分が嫌われているかわからないというストレスに耐えられなくなったのだ。

◆まわりの状況に振り回されない

こういう話を聞くと、イヤな人もそれなりに悩んでいることがわかる。そして、そのストレスと空気に耐え切れず、自分から消え去ることが多い。

これはその社員たちが悪いのか？　そんなことはない。相手に嫌がらせをしたわけではない。ただ彼らは、自分たちを安定させることにエネルギーを注ぎ続けただけだ。

結果として、彼らの行動がある空気を生み出し、それがしっかりと根付き、「波長の法則」が働いて、その波長に合わない上司が居づらくなっただけだ。

この話は教訓になる。たとえイヤな人と一緒になっても、正義を振りかざして注意したり、「みんなで話し合おう」などと場を設けて戦いを挑むのは、必ずしも得策ではないということだ。

それより自分のメンタルテリトリーをしっかりと守りながら、巻き込まれないようにすることのほうが大切なことがわかる。

その場で和解できても、イヤな人をいい人に変えることは難しい。

だからこそ、なおさらイヤな人と戦ってはいけない。

あなたの手を汚さなくても、イヤな人は自然の摂理で自滅していく。

ならば、イヤな人には「見ざる、言わざる、聞かざる、その場を去る」でいるのがベストだ。無関心を貫きながら、自分の気持ちを安定させることに意識を向けよう。

相手との距離感を大切にする

◆ きれいに見える距離に自分を置く

「富士山に登ってみたら、実際は単なる岩山だった。がっかりした」

テレビで、ある人がこう言っていた。そのとき私は思った。

「だったら、もう行かなきゃいい」

富士山が人間だったとしたら、「そっちから勝手に来たくせに、何言ってるんだ」と言いたくなると思う。

遠くのものは尊く見える。これが人間の心理だ。

どんなにきれいなものだって、どんなにきれいな人だって、どんなにすてきな人だって、近づけば近づくほど、不完全なところや、理想と違う部分が見えてくる。それは当たり前のこと。

遠くから見るからこそ美しく見える。

手が届かないからこそ美しく見える。

そんなこともある。

近くに行って、不完全なところを見て落ち込むくらいなら、またその不完全な部分を受け入れる心構えが持てないくらいなら、きれいに見える距離にみずからを置いておけばいい。距離をとって眺めるからこそ感動できる美しさもある。

同じように、どんなに好き同士でも、よい人間関係を維持するために必要なもの、それが相手とのよい距離感だ。お互いが「また会いたいな」と思えるスタンスで付き合っていくということが大切なのだ。

ときどき「仲良かったのに、絶交しちゃった」なんて話を聞くことがある。これはよく聞いてみると、どちらかが１００％悪いというわけではなく、近づきすぎたためにお互いのイヤなところが露呈した典型的なパターンだ。

こういう場合、「だったら適度な距離で付き合えばいいのに」と思うかもしれないが、相手に夢中になっている間は、いくらまわりがそんなことを言っても、本人たちには伝わるはずはない。はたから見たら依存し合っているようにも見えるが、当の本人たちはまったく気づかない。

その結果、限界がくるまでお互いガマンして笑顔で付き合い、やがてマイナスのほうの気持ちが爆発し、絶交に至ってしまうのだ。

◆適度な距離感がいい関係を作る

いくら仲がよい間柄でも、時間が経つうちに「この人のこういうところがちょっとイヤだなあ」「あの人のああいうところが気になる」などと思うことがある。

もし、そう感じている人がいたとしたら、それは近づきすぎのサインだ。これ以上深く付き合ったら嫌いになってしまうかもしれない。そうならないためにも、あえて自分から少し距離を置いたほうがいい。

いくら仲がよくても、その関係性は永遠ではない。本音で話すのはいいが、四六時中一緒にいれば、いつか必ず意見にズレが生じる。

そんなとき、「なんでわかってくれないの？」「○○さんだけは理解してくれると思っていたのに！」という、反発するような感情が生まれてしまう。

忘れてならないのは、どんなに仲が良くても、すべての意見が合うとは限らないということ。同じ場所にいても、それぞれの立場の違いがある。それを無視して、すべてをわかりあえると思っていること自体が間違っているのだ。

適度な距離感を保って相手を大切にする。

それがお互いのためになる。相手をずっと大切にしたいと思うなら、自分の行動を制御すべきだ。それが、好きな人とよい関係性を続ける秘訣なのだ。

愚痴はいつまでも聞かなくていい

◆「相談」という名の見えにくい暴力もある

あなたのまわりに、いつも誰かをつかまえては愚痴を言っている「かまってちゃん」の人はいないだろうか。普段弱みを口にしない子が弱っているなら、よっぽどのことだと思って、たまには聞いてあげるのもいい。

しかし、いつも話は「誰かのせいで……」という同じ愚痴になり、それがくり返されるようなら、そこに時間を使いすぎるのはあまりにお人好しだ。お互いにいい結果にはならないから、そういう人には、思い切って一度、距離を置いたほうがいい。

そういう人は、聞いてくれる人をつかまえ、思いを吐き出してスッキリしたいだけ。

そのときは心に火が灯るが、すぐに自分で消し、また点火してもらうために誰かを巻き込むという心理的手法なのだ。

いい人ほどこのパターンに巻き込まれてしまう。

自分ではなんの行動を起こすこともしないで、誰かに点火されることで快感を得ているため、まわりの大勢の人が時間とエネルギーを使う。大きく見るとこの図式はとても理不尽なことだ。

あなたが弱いと思っている人は実はあなたより強い

相談を聞くと、優しい人ほど「そばにいてあげなくては」と思ってしまう。

身内の話だが、私の店のスタッフにも優しい人が多かった。いつもそういうタイプのスタッフのことを自分のことのように悩み、頭を抱えていた。

ある日見かねた私が「彼のことに時間を使うのはもうやめて、スタッフたちがもっと前向きに進めることに時間をあてよう」という趣旨の話をしたときに、反発した人もいた。

しかし、一見弱く見える人のほうが断然強かったりすることが多々ある。自分の甘えを肯定し、カバーするために、トラブルという形でまわりを巻き込む強者であるケースもある。

そういう人は、「あ、ここは自分の居場所じゃない」と感じると、「僕たちがあれほど励ましたあの時間は何だったのだろう」とまわりを途方に暮れさせるくらいあっさりと、自分の甘えを認めてくれる場所を見つけて出て行ってしまうことが多い。

これはまさに「溺れている！　助けなきゃ」と水に飛び込んだ人が逆に溺れ、溺れているように見えていた人が、何かにつかまってさっさと陸に上がり、スタスタとどこかへ消え去るようなものだ。

コンサルティングの仕事を通して、何件もそういうケースに触れるたびに、

「よく考えると、本当の弱者は、愚痴を言っている側ではなく、自分のことを置いてでも、困った人のことを助けようとする側なのかもしれない」

そう思わざるを得なくなる。

あなたは、まずそのことに気づかなければいけない。一人のわがままにあなたが振り回されていたら、それこそまわりにいる人たちはその何倍も振り回されることになってしまうからだ。

励まされることに依存し、励ますことに価値を見出すというズブズブな関係が生まれてしまえば、結果として、きっとその場にいる人たちまでが壊れてしまうことになる。

「家族だから」にも限界はある

「私がいてあげなきゃ」もほどほどに

家族円満は、とてもいいことだ。これに越したことはない。どの家庭も、その根幹となる夫婦も、最初からトラブルが起きることなど想像もせずに、幸せな未来を夢見て結婚する。

家庭円満状態がベストであるということを大前提とした上で、現実的なことを書こうと思う。

たとえば、夫や息子からのＤＶに悩んでいる人がいるとする。そういう人に、

「保身のためにも、旦那（息子）さんのためにも別居するという選択も考慮に入れてみてはどうですか？」と聞く、

「いやいや、あの人（子）には私がいないとダメなんです」

と答える奥さんや母親がとても多い。

ＤＶに悩んでいるにも関わらず、

「あの子には私がいてあげないと……」

と言い、離れようとしない。

義母との同居に悩む女性も、

「そんなにイヤなら、離れて暮らす方法を探したほうがいいんじゃないですか？」

と聞くと、

「いや、離れたら可哀想だから」

「親を傷つけるなんてできません。世間体もあるし」

「別居すると、よけいなお金がかかるし」

のいずれかの答えが返ってくる。

このように家庭や恋愛という、本来は安全地帯であるべき場所が「戦場」になってしまうと、心身ともに追い詰められてしまう。

◆高まる離婚率が証明しているもの

今の時代、「離婚すべきか」と悩んでいる人がとても多い。私は、本当にイヤなら別れるという選択肢もアリなのではないかと思う。「一度結婚したら別れてはいけない」と思うことこそ、思い込みだ。

今や3組に1組が離婚する時代。アメリカでは、2組に1組が離婚しているという。おそらくこの増加率はこれからもっと高まるだろう。人の価値観が多様化していけばいくほど、この現象は当たり前のことと見通すことができる。

マスコミは、離婚率が増加傾向にあることを大げさに報道する。「熟年離婚」「卒婚」などという造語を作り、老後は自由に生きていいなどと言いながら、若い世代の離婚には、「若い人はガマンを忘れてしまった」「子どものことを考えなさい」と苦言を呈する。

誤解のないように言っておくが、私は離婚をすすめているのではない。離婚しなくてすむならしないに越したことはない。ガマンできるならお互いが今のままで幸せになれる道を探したほうがいい。子どもがいれば、辛い思いをさせてしまうし、親も悲しむだろう。

ただ現実、50年前の日本なら、離婚することは大事件だった。まわりの目線もそれはそれは冷たいものだったろう。

しかし今の世の中は、そこに対する対応策もどんどん整備されているし、再婚も珍しいことではなくなっている。

テレビやネットで芸能人の誰かが離婚したと聞いても、「ああ、別れたんだ」くらいの認識にすぎない。それは、離婚をマイナスのこととととらえない土壌が、もうできあがってきたことの証だ。

前に進むために離婚をする——昨今のこの現象は、みんなが自分の心に素直になりはじめたことを示しているのだ。

夫婦でも波長のズレは必ず起きる

独身のころは、いろいろな人と付き合い、違うなと思ったら別れていた。それを悪ととらえる人はいないし、むしろ前へ進むための過程と認識していたはず。結婚も、そういう位置づけに近づいているのが現実だ。

もちろん、家族みんなが仲良く暮らせるのがいちばんいいが、それぞれのステージが変わっていくと、それまでの関係ではいられなくなるのは波長の法則を知るためには当たり前だと理解できるようになる。

私も仕事上、いろいろな夫婦を見てきてわかることだが、どちらかのステージが変わるとき、夫婦の間に必ずなんらかの波乱が起きる。そのとき、一緒に乗り越えることを選んでもいいし、別れを選択して別々の道を歩んでもいい。

どちらを選ぶかの選択権は、つねに自分が持っていることを忘れてはいけない。その選択肢は目の前に数多く広がっている。数ある選択肢のなかで、あなたは誰と生きていくかを選ぶ権利を持っている。

道徳的な善悪は別として、好きな人と「だけ」生きていく道は、こうして家族や夫婦の関係にも大きく関わっているのだ。

波長のズレを未然に防ぐ方法

コミュニケーションの頻度を高め今の相手の価値観を知る

仲のいい人と一緒に歩いていくことは幸せなことだが、すべての人が同じ歩調で歩いていくことはとても難しい。

しかしそのズレを事前に調整する方法が２つある。

まず、**その人との接触頻度を増やすこと**だ。もし会えなくても、今の世の中は携帯電話やメールなど便利なツールがある。

相手との接触が減り、波長がズレそうなときこそ、いつも以上に意識して連絡しあうことを心がける。コミュニケーションの頻度を高めるということだ。

次に、**お互いに影響を受ける環境のズレをなくすように、相手が何を見つめているのかをシェアし、お互いを理解する姿勢を持つ努力をしていく。**接触頻度を増やすこともちろん大切なことである。


人は、親子、配偶者、恋人、友人にいたるまで、すべてにそれぞれを取り巻く異なった生活環境があり、誰一人として同じ世界にはいない。

だから、それぞれの歩調を合わせていく努力をやめたら、考え方にもズレが生じてしまう。


たとえば、もし大切な人から何かをすすめられたら、一度受け入れて相手がどんなものに触れ、どんなものに影響を受けようとしているのかを知ろうとすることは、好きな人との波長を合わせる上で、とても大切なことだ。

それを知った上で納得がいかないのなら、「これは自分に合わない」と思うこともあってもいい。

しかし、相手のことを何も知らずに、わかろうともせずに、ただ相手の好きなものを否定したり、ブレーキをかけようとすると、それが親切心から出た行動であるほど、「何も知りもしないのに否定するの？」と相手は不快になる。

そして、「あの人とは考え方がズレてきた」と感じ始め、起きてほしくない別れへの道が始まってしまうことになる。

友人、家族、恋人……すべてのチームは、こういう事態を想定してコミュニケーションを密にしていけば、ズレはすべてとはいかないまでも、かなり未然に防ぐことができる。

波長がズレてしまってから元に戻そうとすると、お互いに膨大なエネルギーが必要になる。だからこそ日常、大切な人との歩調はできる限り合わせていきたいものだ。

この本も、あなたが好きな人との波長のズレを少しでも減らしていく役に立てると嬉しい。

この考え方に共感していただけたら、ぜひ大切な人ともシェアしてほしい。

第3章

避けられない批判と
どう向き合うか

前に進むときトラブルはつきものだと覚えておく

◆避けては通れない抵抗と批判

「そうか、好きな人とだけ生きていいんだ。これからはもっとそのために時間を使おう！」

その生き方を選択しようと思っているあなたの心の中には……

今まわりにいてくれる大好きな人とだけ歩いている人生が見えているかもしれない。
その人たちと共に歩く楽しい未来が見えているかもしれない。
その中心にいる自分の満たされた気持ちを感じて、ワクワクしているかもしれない。

その感情を十分に感じてほしい。

その上で、ここからはお腹に力を入れて読んでほしい。

その世界を手に入れるためには、越えなければならない大きな試練がある。新しい自分を目指して歩き始めるあなたには、おそらく今からお伝えする現象が起きる。勇者の前に立ちはだかる壁といってもいいだろう。


その現象を先に言っておくと、「抵抗」と「批判」そして「別れ」。

私の体験を言えば、新しい考え方ややり方を人生やビジネスに導入し、自分を育てていくときに最も強く受けた向かい風は、近くにいる人からの抵抗や批判だった。

そして何よりもいちばん気持ちが落ち込んだことは、それまで共に住んできた人たちとの別れだった。ここからは、そのことについてお伝えしていこうと思う。


19年前、商売を始めて1年経った26歳のとき、チームをうまくいかせたくて私は理念を作った。考え抜いて作りあげ、発表すると、思わぬことが起きた。

「はい、やります」「いいですねー」と賛同してくれたメンバー、

「えー、こんなの無理。なんか固くてイヤだ」と露骨に抵抗感を示すメンバー、ここがはっきりと分かれたのだ。

なかでも意外だったのが、創業から苦楽を共にして来たメンバーたちの多くが、全力で抵抗してきたこと。正直これにはまいった。

◆生き方を変えるとき離れていく人は必ず出てくるものと知る

人はそれぞれの環境の中に、風土や文化、そして空気を自然と作っていく。そしてこの空気を吸い、馴染みながら生きていく。

生き方や方向性をはっきり変えるということは、日々の空気を一気に変えるということだ。

ぬるま湯だった「なあなあ」の場でそうすれば、今までの甘えが許されなくなる。私が変えようと思った空気とは、まずは会社の理念からだった。

組織の空気を変えるとなると、反対勢力の人たちは、いろいろな理屈をつけて全力で反対してくる。意外にも、私の場合、共に夢を語り合った創業メンバーや、事業を支え手伝ってきてくれた父親など、それまでの立役者たちが反対勢力の旗頭になっていったのだ。

いくら前進するためと言っても、こちらも人間。感情的に辛い。しかし、ここでいかに舵をとっていくのか、いかに決断するのか、それが私のミッションだった。

ここで抵抗以上に悲しい事実を突きつけられた。それは、新店を作ったり、理念を一つずつ深めたり、チームを進化させたりという決断を下すたびに、一人、二人とスタッフたちが辞めていったことだ。

職場の人間関係で悩むという話は、一般社員だけのことではない。経営者だって同じように悩む。

当初、まだ私もリーダーとしての力量がなかったせいもあり、期待していたスタッフから突然「店を辞めたいんです」と切り出されることは一度や二度ではなかった。「あとでお話があります」――このセリフを聞くことがいちばんイヤで、「あとじゃなくて今聞くよ」と仕事の手を止めることもあった。

人が辞める。そのたびに私や残ったスタッフたちは途方に暮れ、泣き出す者もいた。今だから言えるが、「こんなに人が辞めてしまって、残ったこのメンバーだけでやっていけるのだろうか」という不安で、眠れない夜が何度もあった。

去っていく者よりも、残された者のほうが、寂しさや不安を感じる。辞める人は、次の転職先へと気持ちが向かっているから、期待や希望といったプラス要素のほうが大きい。しかし、去られる側は、寂しさや不安といったマイナス要素しかない。

私は、離れていったスタッフが嫌いではなかった。むしろ、好きだった。だからこそ、そのたびにショックを受けた。

しかし現実は、翌日もその後もずっと仕事は続く。いつまでもその悲しい思いに浸っている時間はない。そもそも、人が辞めると物理的に人手が足りなくなる。

「どうすれば人が辞めないチームができるのか?」

その知恵を、私はいつも絞り続けていた。

別れはいつも突然やってくる

去る者は時期を選ばない

会社経営上の問題が起きるたびに、少しは慣れていきそうなものだが、私のメンタルはそんなに強くはなかった。人が離れていくことには、いつまでたっても慣れることができなかった。

一人ずつ辞めていくたびに、「俺はいったい、いつ、この洗礼に慣れるんだろう」と、顔には出さないが、いつも心の中でびくついていた。

いちばんの大波は、たこ焼きの行商の2年間を終え、150席のダイニングである陽なた家の本店の建設工事中のこと。ある日突然7人いたスタッフが、オープンの1

カ月前に、４人一気に辞めると言ってきたのだ。

「いつまでも不安定な行商生活をさせるわけにはいかない。地元に本店を作れば、みんな家から通える」

そう思って大きな借金をして大勝負をかけたのにもかかわらずである。

「おいおい、今ここで辞めるのか？」

正直心の中でマックスに腹が立った。今思えば、私の実力不足が原因なのだが、当時はそうは思えなかった。

◆送別会での涙の誓い

気を取り直して、私は彼らの送別会をすることにした。予約は私を入れて８人。ところが、なんと辞める４人が誰一人として来なかったのだ。私以外の３人はため息をつきながらうつむいていた。

「よし、陽なた家を始める決起大会にしよう！」

と言っても、誰も顔を上げない。

残った3人は、たこ焼きチームの下っ端3人。

「正直、残ったのはこいつらか……」

私についてきてくれた宝物たちなのに、私はそんな不遜な思いでいたのだ。

すると、いちばん社歴の浅い男の子が僕を見ながら言った。

「俺、くやしいです。今から始まるのに、なんで……。俺、陽なた家、絶対にがんばります！」

彼の涙一杯の目を見て、情けなさでこっちまで涙が出た。

あれから18年たった今でも、あの日のことを思い出すと胸が苦しくなる。

人材の新陳代謝で進化することもある

結局その日はお通夜みたいな決起集会だったが、そこから彼らの奇跡は始まった。翌日から気を取り直してオープン準備を始めたのだが、彼らは目に見えて変わった。

「あれ？　こいつ、こんなことできたっけ……」

というような実力を発揮し始めたのだ。彼らは別人になった。

そしてその彼らが口コミだけでバースデー件数年間3000件、県外からの年間来店数1万人という伝説的な記録をつくったのだった。

どんな理由にせよ、人が自分の元から離れていくと、感情的にダメージを受ける。しかし、逆の見方もある。経営を続けていくうちに、ある日私は不思議な現象に気がついた。

組織というものは、重要人物が抜けると、おきまりのパターンで、その穴を埋めようとほかのスタッフの意識がぐっと高まる。それによって、封印されていた力が顔を出し始めるのだ。

「お前、そんなことできたの？　すごいじゃん！」

「いや、上がいたから自分がしゃしゃり出るのも悪いかなと思って……」

こんな形でピンチをカバーできる人が必ずと言っていいほど登場するのだ。私はこのときの経験を通して、組織のひとつの法則を学んだ気がした。

ある人がいたためにフタをされていた誰かの能力が、一気に開花されることがあるというよりも、こういうケースが多いのだ。

やる気があって、自由に動ける環境の中にいれば、人は思わぬ力を発揮する。

そこに残るメンバーたちの思いの種さえあれば、チームがつぶれることは決してない。むしろ、必ず次の芽が顔を出す。その芽は幹となり、風雪をくぐり抜けて、さらに強い木となり、青々とした葉をまとい、美しい花を咲かす。

類は友を呼ぶ。同じ考え方、魂を持っている人どうしは、目に見えない何かで引き寄せ合う。現に私の会社は、その彼らの作ってくれた文化のおかげで、平均勤続年数10年という飲食店業界の中では、定着率のかなり高い会社になった。

独立したスタッフたちもたくさんいて、彼らとも現在でもお互いに応援しあえる文化も生まれた。

未知の挑戦で起こること

◮ 変化には反乱が一緒についてくる

九州の会社、いろんなシーンで必要に応じて立ち上げたコミュニティ、現在主催している永松義塾、東京で新しく立ち上げた新会社、そして数多くの起業サポート……。これまで私は実業家としていろんなスタートアップの経験をしてきた。その経験の中から気づいたことがある。

組織やコミュニティのリーダー、あるいは社長、経営幹部という立場だったり、今はその立場でなくてもこれから新しい自分を始めようと思っている人たちに、事前に知っておいてほしいことがある。それは、

組織が進化、成長するときには、大なり小なり必ず内部から反乱が起きる

ということだ。たとえば、

・創業者から二代目社長への代替わりのとき
・新しいシステムを導入するとき
・新しい理念や考え方を導入するとき
・新店舗を出したり業務を拡大するとき
・コミュニティや組織のあり方を大きく変えるとき

こうしたとき、変化を嫌がる人たちが「今のままでいいじゃないか」と言って抵抗を始める。その理由は、慣れ親しんだ場所が変化することへの恐れなのだが、彼らは恐れているとは思っていない。

悲しいかな、そういう状況になると、抵抗する人たちは仲間を集め、なんらかの形で抵抗を起こし始めるという特性を持っている。

◆ あなたの成長が始まるシグナル

今でこそ、こうして「波長の法則」のことを書いてはいるが、当時は、「人間とは素晴らしいものだ。この仲間たちは誰一人欠けることなく、ずっと一緒に歩いていける」

と心の底から信じていた。しかし、当時の自分にはまったくと言っていいほど、その思いを実現させる力も根拠もなかった。

そんな状況の中でいくら「新しい未来を作ろう」「新しいプロジェクトを立ち上げよう」などと提案しても、まわりの人たちの懐疑的な眼差しにさらされることが多々あった。今思えば無理ないことだ。

社会的信用もない。実績もない。何よりも、その道に進むことでどんないいことがあるのかもまったくわからない。

「**また社長が、わけのわからないことを言い出した**」

まわりから見れば、いつもそんな感じだったと思う。

とにかくお決まりと言っていいくらい、何かを始めようとするたびに、周囲から反対される。いろんなことにツッコミが入る。新しいことに反対意見をとうとうと述べ始める。しかもやっかいなことに、この反対意見が理路整然として正しいのだ。

しかし、実際に始めてみると、思いのほかうまくいくこともある。結果を出したことで、「よし、これでみんなも納得してくれるだろう」と期待するのだが、結果は裏目に出る。その活動がうまくいけばいくほど、結果が出れば出るほど、逆に抵抗が強くなっていくのだった。

多くの場合、そういう抵抗は実は「恐れ」から生まれる。それは、自分の慣れ親しんだ世界が変わってしまうことへの恐れ、つまり変化への恐れなのだ。

具体的には、新しい世界では自分の力が発揮できなくなるかもしれない、そうなれば自分の地位が保たれないという恐れということだ。

人はなぜ変化を恐れるのか？

◆人は無意識に「快」「不快」を判断しながら生きている

たとえば、会社だったら組織の形態から役割分担まで整えられ、日常の作業は流れていて、何も変えなくても当分はそれで動いていくと予想できる。

それを変えるエネルギーは大きなものだし、変わった後の世界は慣れ親しんだものではなく、未知のものである。だからこそ変化を恐れるわけだ。

抵抗する人たちには、変化を恐れているという自覚はない。「何がイヤだ」と、本人たちもよくわからないまま「抵抗する」という形をとるわけだ。恐れている変化を起こさないために、総力を上げた変化抵抗運動が始まる。

これを脳科学の観点から見てみよう。脳は、体験や得た知識などを積み重ねて自分の中に独自の「情報処理価値判断システム」を築き上げていく。だから、独自の観念、物事のとらえ方、判断の仕方という思考のパターンができあがる。

いつもと変わりなく普通にやっていけている状況の中では、脳は平穏無事に暮らしている。なのにある日突然、新しい考え方ややり方を導入することになるわけだ。


この本で伝えたいことも同じ。たとえば、これまで「イヤな人とでもうまく付き合わなければいけない」という常識の中で生きてきた人に、「好きな人とだけ生きていけばいいんだ。むしろそうするべきなのだ」などとワケの分からないことを伝えると、それまでの脳では理解不能なこと、未経験の情報処理が必要になる。

すると、脳は不快を宣言する。慣れないことをやることは、不快極まりないのだ。感情的には「イヤだ、嫌いだ」となっているわけだ。

意識としては「この新しい考え方ややり方が必要だということはわかる」と思っていても、なにせイヤなわけだから、感情としては「イヤなものはイヤ」となる。それはどうしようもないのだ。
しかし、ほとんどの人は「自分の脳が感情的にイヤだと言っている」とは思わない。だから、自分のイヤという感情を勝手に分析した結果、「あなたのやろうとしていることは間違っている」と論を展開することによって、自分の行動に整合性を持たせようとするのだ。

周囲との摩擦は起きて当たり前

これからあなたが新しい生き方を始めようとするとき、あるいは、自分を変えようと思い立って行動し始めたとたん、必ずといっていいほどまわりからの抵抗が起き始める。

今の自分を変えるということは、現状を打破して関係する人たちをも変えることになるため、「変わりたくない」と思っている多くの人にとって、あなた一人が変わろうとすることは、受け入れがたいことなのだ。

だから、今のままであり続けることにこだわるあなたの大切な人たちは、大きく抵抗し、あなたを今のままでいてもらおうと説得するだろう。

口論になるかもしれない。悪口を言われるかもしれない。

でも、進化しようとする以上、避けられないことなのだ。

人の価値観や成長速度は、それぞれで違うのだから。

いちばん大切な人が離れていったとしたら？

やり場のない気持ちとどう向き合うか

新しい方向に舵を切り、新しい姿に徐々に変わっていくなかで、抵抗や批判と並んで、いや、それ以上にもう一つ多くの人から聞かされる悩みがある。それは、「大事な人が去っていく。これがとても辛い」ということ。

あなたも、そういう辛さを抱えているかもしれない。今離れていこうとしているのは、何年も何十年も一緒にやってきた同士なのかもしれない。伴侶や恋人かもしれない。コミュニティの創業メンバーかもしれない。喧嘩が絶えないけど尊敬しているメンターや指導してくれた先輩かもしれない。

進化の過程で、多くの人がそういう辛い思いを経験している。このことについて丁寧に語っていこうと思う。


人生が、今までのやり方で踊り場に留まり停滞してしまうことは、よくあることというか必ず起きることだ。そこで人は、新しい方法を探そうとしたり、新しい考え方や価値観、あり方を学ぼうとする。

これは正しい。そうしていくことで、新しい人生が始まるのだから。

ただ、そうやって自分が変わっていこうとする変革期に、どうしても避けられないものがある。それが、大好きな人たちとの別れだ。

抵抗なら、まだなんとかなるかもしれないという希望を持てるが、別れはその人がいなくなるということだ。これは文句なしに辛い。

とても重い問題なので、みんな悩む。なぜ重いかというと、この場合、去っていくのが、自分にとって極めて重要な人物だったりするからだ。

実際には、「この人とは一生、一緒に歩いていくんだ」と思っていた人が去っていくケースが非常に多い。
私にも、それがあった。そのくり返しだったかもしれない。自分の生き方や仕事を変えていくとき、私の場合、去っていったのはいつも創業メンバーたちだった。いろんなことを日々語り合った仲間であり、夢を語り、一生付き合っていきたいと思う素晴らしい人たちだった。
その人たちであっても、別れがやってきたのだ。「神様、本当にもういいかげん勘弁してください」と思うほどだった。

これは経営者やリーダーの経験者なら、ほとんどの人が体験していることだと思う。実際、コンサルティングをする中で、この手の話は「あなたもですか！」と握手したくなるくらい多い。

ひどい場合、そういう人が離れていくときに、捨て台詞、罵詈雑言を残したり、ひどい場合は計画的に組織をかき回していくこともある。「お願いだから、去るならせめて黙って去っていってください」と言いたくなるが、こういうことは本当によくある。

離れていく人たちは共通して、そのときは絶対にその組織のことをよく言わない。それは離れていく人にも言い分があり、感情があるからだ。

別れにはこうした気苦労の多い顚末がとても多いからやっかいだ。

たとえるなら、文化というものは水槽の水のようなものだ。昨日まで、その水槽の水はAという水だった。それが今日、Bという水に変わると決まった。そうなるとBに順応できる魚は、変わらずそのまま生きていくが、順応できない魚は生きていけない。新しい水に変わることが大事件なのだ。

その場合、生きていけない魚はどうするかというと、まず水がこれ以上変わらないように試みる。それが不可能だと感じると、ほかの水へと出ていく。人間社会に当てはめると、まず反旗を翻す、うまくいかないと判断すれば退職、転職という道を選ぶことになる。

ただし、くり返しになるが、これはどちらがよい悪いの問題ではない。Aという水でしか生きられない魚も、Bという水にも馴染む魚も、魚は魚。その魚に貴賤はない。

あくまでこれは生き方の問題である。そしてそれぞれの道がある以上、これは誰にでも起こりうることなのだ。

かつての友は今日の敵？

この抵抗と別れについて、最後にひとつ話をしよう。新しいことを始め、新しい自分に変わっていこうとするときに、抵抗が起き、それが別れへとつながる。

抵抗を起こすのは、変化を恐れる人たちだということをお話してきた。

しかし、その人たちはもともと恐れの大きい人たちだったのだろうか？　ひょっとして、その人たちはかつてあなたの人生に新しい考え方や何かを吹き込んでくれた人たちだったのではなかっただろうか？

創業期、飛び立つ時期、何かを始めるとき、あなたが苦しんでいたり、迷ったりしたときに、「大丈夫だよ。私がいるから」と、まわりの強烈な抵抗にさらされながらもそれをあなたと一緒にやり遂げてくれた人ではなかっただろうか？

あるいは、ゼロから会社を起こし、苦労を乗り越えながら今日を築いてきてくれた人たちだったりしないだろうか？

彼らはあなたと共に、勇敢に冒険の旅を生きた勇者だったのではないだろうか？

そうなのだ。

かつて友だった人たちが、次の変革期に最大の抵抗者になる。

そういうことが起こるのだ。

組織が進化するとき、そうした抵抗と離反が必ず起こるが、そのことを知らず、みんなでどうにかうまくやる方法を模索する経営者やリーダーが非常に多い。

もしあなたがどこかのコミュニティのトップにいるなら、進化、成長するときにこそ、こうした〝法則〟があることを思い出してほしい。

別れが生まれる原因となるもの

どうしようもない別れもある

新しい文化、新しい自分。
あなたがこれから手に入れることになる出会いは、おそらく人生でトップレベルと言っていいくらい最高のものになるだろう。そうすると、あなたの人生やあなたのまわりに、ある種のプラスのサイクルができあがっていく。

一方で、それについていけない人も出てくる。これはしかたがない。どうにかしようとするのは無理だ。唯一方法があるとすれば、あなたが進化を止めること。しかし、それはもっと無理なことだから、結局方法はない。

誤解していただきたくはないが、ここで言う「しかたがない」とは、去っていく人を否定的に見るということではない。ただ文字通り、この別れはどうしようもないという意味だ。

あえて「ついていけない」という言い方もしたが、これはあくまでこちら側からの見方であって、彼らの側から見れば「自分から離れていったんだ」ということになるだろう。

どちらがよいとか悪いとかを論じると、おかしくなるし争いが起きるので、そういう問題ではないとだけ述べておく。

大きな別れは飛躍の兆し

20年の経営経験を通して、自分だけでなく、今まで非常にたくさんの人のこういう状況を目の当たりにして、次のような法則性を感じる。

大きな別れは、従々にしてその人が急激に伸び始める直前に起きるものである。

文化が定着するまで、組織は新しい方向を見出したり、あり方や生き方を模索したり、試したり、それに必要な人間たちが出て行ったり集まってきたりをくり返す。それは土壌を耕し、種を撒き、小さな芽を育てている時期だ。

最初はワケもわからず寄り集まってワチャワチャやっているうちに、その空間独特の文化が作られていく。その時期が終わりかけてくると、大きな飛躍への準備が整ったということになる。そのときに大きな別れがやってくる。そしてその後にこそ、飛躍的に発展するのだ。

辛いとき、こう考えれば楽になる

◆離れていった人を悪く言わない

人との波長がずれたとき、道は3つしかない。
・あなたが相手に合わせる
・相手があなたに合わせる
・別々の道を歩く

あなたは変わりたいが、相手は変わりたくない。あなたは成長した先に新しい世界が待っていると信じているが、相手はそこを必要としていない。ここで衝突が起きる。

こんなときに説得しようとしても、相手は今の時点で、あなたの言葉を受け入れることはないだろう。このような状態になったときに気をつけることがある。それは、**決して今まで一緒に歩いていた人たちを邪険にしたり、バカにしたりしないこと。**

あなたにはあなたの道があり、その人にはその人の道がある。それぞれの道を自分の責任で進んでいる。そのなかで、自分の道をちゃんと進むのだ。

離陸する飛行機のごとく

「自分を変える」と決めたら、今まわりにいる人との別れが訪れるかもしれない。

もし、あなたの人生でそういうことが起きてきたら

「**あ、変化が順調に進んでいる証なのだ。そろそろ離陸する時期が来たな**」

と思い、準備をしておくことだ。

飛行機が滑走路で加速すると、空気抵抗が起きる。そのときにジェット噴射させることで上昇気流を生み、離陸していくように。

だからこそ、いくらこの別れが辛いからといって、あなたはスピードを落としては

いけない。いい形に変革していっている。自分の人生は順調にいっている。そう信じるのだ。

どのみち自分の人生なのだから、どんな道を進むのかは、自分に選択権がある。それでいいのだ。この考え方が正しいことは、あとになればよくわかる。

別れの仕組みに負けない軸を持つ

セミナーやコンサルティングでこの話をすると、「永松さんって、意外と冷たいんですね」とよく言われる。

しかし、この法則は私が決めたことじゃない。100人が100人同じことが起きるから法則なのだ。

なんども伝えてきた「波長の法則」もそう。

価値観が合わなくなったら、無理して話を合わせない、顔を合わせないほうがお互いのためだ。相手に執着するとペースを見失い、大きなエネルギーロスになってしまう。

どんな人も、自分の道を進む。ただそれだけしかできない。たとえ去っていく人が創業メンバーであれ、親友であれ、家族であれ、夫婦であれ、親であれ、新しい文化に変わろうとしているわけだから、その変化の流れを止めることはできない。

これはまさに、新しい自分に生まれ変わっていく最終局面。新しい自分が今まさに生まれようとしているからこそ、こういうことが糧として起こってくるのだ。

ここから先、そのことを理屈や体感を通して知っていたとしても、辛いこと、辛いときはやってくるだろう。そんなとき、この法則を知っていると、心の置き場所がしっかりしてくるから、気持ちのバランスが取れる。そのためにこの本を書いたと言っても過言ではない。

時間を味方につけよう

◆人は忘れる生き物であると覚えておく

あなたが前進することで起きる別れに対する心の対処法をもう少し補足しよう。ここでイメージワーク。数年前、恋人と別れたと仮定して、そのときの感情になってみてほしい。制限時間は1分間。

はい、時間終了。どんな気分だった？　そのときの辛さを再現できた？　おそらく無理だったと思う。そのときの傷の大きさや状況によって差はあるかもしれないが、そのときの感情そのままに戻ることはおそらくできなかっただろう。

なぜか？　それは、

人は忘れる生き物だから。

いい悪いは別として、人には忘れる力がある。相手のことをどれくらい好きかで、引きずる時間に違いはあるにせよ、悲しいかなそのときの感情は薄れていく。

いくら愛して忘れられない人がいたとしても、現に今は、共に歩いている新しい人たちがいるはず。

その人との時間が記憶に上書きされて、別れた人との思い出は記憶の下層に沈められていくものなのだ。

◆辛い別れは新しい出会いのはじまり

さて、では状況を俯瞰して見てみよう。あなたはその辛かったときの感情には戻れないということがわかった。自分が忘れる生き物だということも実感した。では、ここから起きるかもしれない別れはどうなるのか。

そう、いずれ忘れていくのだ。

これから先、それぞれの選んだ道が違ったがゆえに、いったんは離れることもたくさんあるかもしれない。そのとき、神経質になって自分を責めなくていい。

あとで振り返ると、その辛さがあなたをさらにすてきな世界へと運んでくれることを必ず知ることになる。

辛い別れがあったからこそ、生まれる新たな出会いがある。

別れて心の隙間ができたからこそ、出会える人もいる。

そう考えると、別れは新しい出会いのスタートラインとも言える。どっちが悪いとかじゃない。どっちの考え方がまちがってるとかじゃない。ただ道が違っただけ。

「出会ってくれてありがとう」と、すてきな時間を過ごせたことに感謝して、目の前に広がる新しい道を、自信を持って歩き始めよう。

人生は、あみだくじのように何本もの選択肢が入り混じった道。一度別々の道を歩むことになった相手でも、思いが重なればまた交わるときがくることだってある。そのときに、また一緒に歩き始めればいい。

別れは辛い。しかし、その辛さはその人と一生懸命共に歩いた証拠だと思えばいい。

そのままずっと一緒に歩めれば、それにこしたことはないが、それがかなわないのもまた人生。かつて経験したように、やがてその辛さも思い出になる。

将来どんなふうに今の自分を振り返ることになるのかはわからないが、人間は忘れる動物であるとわかっていれば、少しだけ心が軽くなる。

忘れるのも人間に備わった力だ。それまでは無理せずに悲しんでいればいい。時間が最高の特効薬になってくれる。

くり返される出会いと別れの中で

◆もし一緒にいられるのがこれが最後だとしたら？

私たちの人生には、必ず終わりのときがやってくる。ということは当然あまり目を向けたくはないが、人は出会った瞬間から、別れに向けてのカウントダウンが始まっているということになる。

１００パーセントの確率でまわりにいる友人、両親、仲間、恋人……今知り会っているすべての人と、必ず別れなければならないときが来る。

その瞬間は、いつ来るかは誰にもわからない。さっきまでそこにいたはずの人が、一瞬で目の前から消えることだってある。

私も十八歳のときに、共に夢を追った親友を、突然亡くしたことがある。数時間前まで一緒にいたその友が、突然動かなくなったのだ。頭の中が真っ白になるという経験を人生ではじめて体験した。

「もしこの人との出会いが、これで最後だったとしたら？」

そう思うと、今、目の前にいてくれる人が突然愛おしく感じてくるのではないだろうか？

出会いの裏側にはいつもは別れが存在する。

そう確認すると、目の前にいる人との「今この瞬間」の大切さが自分の中に立ちあがってくる。

私たちは奇跡の中で生きている

重い章になったが、最後にちょっとだけ視点を変えてみよう。あなたが誰かと別々の道を歩むことが決まって落ち込んでいるとき、精神的にきついとき、あなたのそばにいて、あなたを励まし、共に泣き、共に笑い、共に歩いてくれる人がいなかっただろうか？

あなたが何かで失敗したとき、「しかたないよ。もう一度がんばろう」と言って、どこにもいかず、ただあなたの隣で笑ってくれた人はいなかっただろうか？

人間関係はとても傷つきやすく、別れの確率も高い。本来は、別れるほうが当たり前ということになる。

そんなもろい人間関係の中で、今も一緒に歩いてくれる人がいる。それは、よく考えると奇跡だ。私たちは、すでに奇跡の中で生きている。

そう考えると、今あなたのまわりにいてくれる人に感謝の気持ち以外何も生まれなくなってこないだろうか。

別れがあるからこそ湧き上がってくる感謝もあるのだ。

第4章

好きな人と「だけ」仕事する

マイルールをつくって貫こう

自分自身をキャラ立ちさせよう

２０１９年の秋、国民的ドラマ「ドクターX　外科医大門未知子」が期待どおりの視聴率を叩き出し不動の人気を博した。ご存知の方も多いと思うが、何をかくそう私も大ファンである。

「私、失敗しないので」

「いたしません」

この言葉を決め台詞とした、女優の米倉涼子さん演じる天才外科医である大門未知子は、権力が横行する大学病院の医局で自由奔放に振る舞い、ありのままの自分で勝負する。

話はいつも「水戸黄門」のようなおきまりのパターンともとれるが、私はこの大人気の原因は、意図された黄金のワンパターンと大門の生き方こそが、日本人の憧れの象徴なのだと確信している。


さて、ビジネスの場で、好きな人と「だけ」生きていくために、もっとも手っ取り早いのは、自分が人事権を持つくらいに出世すること、あるいは自分にしかできない得意分野を磨き上げることだ。

あなたが会社などの組織で、なくてはならないポジションにいるなら、好きな人と「だけ」生きていくのは可能かもしれない。しかし、実際にそれができるのはほんのわずかな人間だけ。

それに、もし人事権を持っているとしても、好き嫌いだけで人を切ったりすることは現実的には難しい時代である。

とはいえど、世の中には自分がやりたいことを、やりたい人とだけやって、成功している人がいるのも事実。

実際、あなたのまわりにも、社長でもないのに「なんであいつだけ自由にやってるのに許されているんだ？」と疑問に思う人がいるだろう。こういうタイプの人は、必ずと言っていいほど、自分のキャラを確立させている。つまり「あいつは仕方ない」というポジションにいるのだ。

このリアル大門未知子のようなタイプが、自分のままで生きていける理由は、間違いなく、どんなに批判されようが、自分のあり方をまわりに認めさせ、自分の好きなことを、好きな人とだけやっているからである。

誰もが自分で作り上げたマイルールを持っている。そのルールを必要以上に押さえ込む必要はない。

そのルールこそが、あなたという人間を作り出す核となる唯一無二のもの。そのマイルールを壊してまで相手に合わせていては、あなた自身が壊れてしまう。

あなたは今のままでいい。

もっとあなたのマイルールに素直に従い、感じるままに行動していいのだ。

すると、不思議と自分と似た感性の人たちとの出会いが必ずやってくる。自分のルールを守っていれば、「波長の法則」があなたを必ず助けてくれる。

◆ 初期設定を最初に明確にしよう

相手とよい関係を維持するために必要なのは距離感だが、この距離感を決めるのが「初期設定」である。

人との距離は、初期設定を明確にすることで保つことができる。そうすれば、その後どんなことがあっても、相手はあなたのマイゾーンに踏み込んでこない。

人間関係は初期設定で大きく左右される。初期設定は、相手と自分の立ち位置を決める役割を担っているのだ。

だからこそ、初期設定で「私はこんな人です」と明確にすることを忘れてはいけない。

先ほど書いた「ドクターX」は6シリーズ放映されたが、各第一話で必ず行われるシーンがある。

それは、フリーランスである大門未知子のエージェントである岸部一徳さん演じる神原晶が、病院全体に大門の雇用条件を発表するシーンだ。このシーンはとても人間関係における初期設定の学びになる。

これを私たちの日常に落とし込むと、こんな感じになる。

「私は、仕事以外の付き合いはいたしません」

「残業はいたしません」

「私はお酒の付き合いが大好きです」

「私は野球が大好きです」

「私はタバコが嫌いです」


初対面でマイルールを相手に示し、自分の取扱説明書を与えるのだ。すると、相手はあなたをそういう存在として見るようになる。

「○○さんは、たしかお酒が好きだったはず。ならば、今度誘ってみよう」

「○○さんは残業しないと言っていたから、違う人にお願いしよう」

と、無意識にあなたのルールに合わせて付き合ってくれるようになる。

これは決してわがままでもエゴでもない。

逆に、これを伝えずにのちのち「そんなこと言われても」と答えると、トラブルの原因になりかねない。前述したとおり、イヤなことに無理やり付き合わせるのは、効率が悪く成果も上がらない。であれば、代わりの人にお願いしてもらうほうがよっぽどお互いのためになる。

つまり、相手と自分のよい距離感、よい関係を築くためには、明確な初期設定が必須なのだ。とくに出会って間もないころの設定が、その後の関係性に大きく関わってくる。いったん設定したものは、その後再設定しようとすると、違和感を抱かれてしまう。

相手との関係性を見極め、自分がどういう人間なのかを最初のうちに知ってもらう勇気を持とう。

他人の価値観を否定しない

どんな人にも大切にしている価値観がある

こんな経験がある。今から15年以上前、実家のある大分県中津市で飲食店陽なた家を経営していたときの話。

陽なた家は、ありがたいことに多くのメディアに取り上げられ、お客様の口コミもあって、九州では知名度がどんどん上がっていった。ただそのころの私はいくらその店がうまくいっているからといって、とくに店を拡大しようという思いもなく、スタッフとともども楽しくやっていた。

そんなある日、私は知り合いから、福岡で飲食店経営者の集いがあるからと誘いを受けた。当時は現場も忙しく、私はそういうパーティーや集まりが得意なほうではなかったので、参加を渋っていたのだが、

「他の飲食店経営者って、どんな思いでやっているんだろう？　そろそろそんな話も聞いてみたいな」

と考え始めていたころだったので、その会に参加することにした。しかし行ってみると、私の価値観とはまったく合わない場だった。

「うちの会社は、現在6店舗で年商4億です」

「ここからフランチャイズ化して、50店舗まで広げようと思っています」

「やっぱり飲食は店舗数と年商がすべてですよね。あ、このあといいキャバクラがあるんですが、ご一緒にいかがですか？」

なんか違うと感じた私は会場をすぐに出て、福岡から中津行きの電車に乗った。

価値観の違いで争わない

後日、その話を先輩の経営者にする機会があった。

「だいたい飲食店のそんなあり方って間違ってますよね」

その先輩から同感の言葉を引き出したかったのだ。

しかし、私の意に反してその先輩からは思わぬ言葉が返ってきた。

「いや、そりゃお前が間違ってる」

「え？　なんでですか？」

このあとの先輩の言葉は、私のその後のあり方のひとつの軸になった。

「どんな業界でも、経営者が集まるとだいたいそんな会話になるんだよ。そういう場所なんだから。その価値観が間違っているんじゃない。そこに参加して自分の価値観と違うからって、その場所を否定しているお前のほうがおかしいよ。そんなに価値観が違うなら、もう行かなきゃいいんだ。彼らには共通した価値観があって、そうやってるんだ。おまえがそれを否定するのはまちがってるよ」

確かにその通りだ。そうやって規模や年商を話題にして見栄を張り合う（私にそう見えただけかもしれないが）世界は、それはそれでいい。その場所に行って自分の価値観を押し付けている自分のほうがおかしい。

気の合う人だけが集まればいい。かえってそのほうがずっと楽しい。価値観が違うなら無理に交わらないというスタンスで生きる。

この出来事は、私のあり方の新しい価値観となった。

「仕事は最後までやり遂げるもの」という呪縛

◆忍耐強いことはいいことなのか

日本人は、責任感が強い。「忍耐」や「辛抱」という言葉が好きなのも、「自分で始めたことを途中で投げ出すことはいけない」という責任感を無意識に重視しているのも、幼いころからの教育であり、ＤＮＡのなせる技なのだろう。

現に日本のテレビをはじめとするマスコミは、とにかく「諦めなかった人たち」をクローズアップする。

私のまわりを見ても、「そんなにイヤなら辞めれば？」と思うようなことでも、「いや、石の上にも3年だと思ってがんばります！」なんていう人も少なくない。

そういう思考のクセがあるから、一度始まった仕事は長く続けなければならないと思っている人がとても多い。

◆そんな仕事なら辞めたほうがいい

私は仕事柄、同じように本を書く仕事をしている著者や、編集者に会う機会が多い。東京麻布につくったセミナールーム「麻布翔ルーム」には、お客さんをもてなすバーカウンターを備えたため、出版関係者がいつも遊びに来てくれる。

先日こんなことがあった。仲のいい著者と編集者数人で、そのバーで飲んでいたとき、ある編集者が悩みを語り始めた。ソリの合わない著者と仕事をしていたらしく、話を聞く限り、その著者の注文はあまりにもひどすぎた。

まわりにいた一人の著者が彼に聞いた。

「なぜ、その人と仕事をしてるの？」

彼はこう答えた。

「出版点数のノルマがあるし、そもそも一度始めた仕事ですから」

そこにいたメンバーは全員、首をかしげた。

しかし彼は、その後もその著者がどれだけひどいかを延々と話し続ける。

「一度始めた企画は、絶対にやり遂げなければ。今まで自分は一点も企画を途中でやめたことがないのが誇りなんです」

しかし現実、その場で愚痴を言い続けるほど苦しいのだ。

まわりのメンバーは、心の中でみな同じことを思っていた。

「その企画、やめちゃえばいいのに」

最後は次の一言で、彼は編集者人生で初めて、企画を白紙に戻すことを決めた。

「そんなにイヤな人と仕事しても、結局本が出たあともストレスが残るよ。そもそも、そんな問題のある人の本って、出す意味あるのかな？」

おそらく彼にとっては清水の舞台から飛び降りるくらいの決断だったと思う。しかし、その企画が空いた分、そこにいたメンバーがほかの著者を紹介することで新しい企画が決まり、あっさりと穴埋めができてしまった。

◆ 大ごとも過ぎてしまえば些細なこと

「最後までやり遂げなければ」という呪縛が、ときには大きなマイナスを生み出す、そんなケースは珍しくない。

彼は今、「自分は、いったい何にこだわっていたのだろう」と言い、好きな人と「だけ」仕事をすることの楽しさにはまっているそうだ。そのほうがよほどいいものが生まれるし、世の中にとってもいい。

あなたも、気の合わない人と無理して付き合ってないだろうか？
行きたくもない会に、がんばって参加していないだろうか？
義理で、やりたくもない頼まれごとを引き受けてはいないだろうか？

「あ、それあるなー」と思い当たる節がある人は、「私がやらなきゃ」とか「それが常識だから」という責任感に縛られすぎているのかもしれない。

しかし、あなたが行っても行かなくても、会は盛り上がるし、仕事であればあなたがやらなくても誰かがやるものだ。かえって断ることで、やりたい人にチャンスを渡せるのかもしれない。

好きな人と仕事するという自由を選ぶ

私も、本を書く仕事を本格的に始めてから10年になるが、新人のころからひとつ決め貫いていることがある。それは、気の合う編集者としか仕事をしないということ。どんなに有名な出版社、一流と呼ばれる編集者からオファーがあったとしても、話をしていて、「あ、気が合わないな」「価値観が合わないな」と感じたら、絶対に仕事をしないと決めている。

なぜなら、気心が知れた仕事仲間と美味しい食事、お酒を飲みながら雑談するなかで、新しい企画やタイトルがポンと生まれたり、好きだからこそ本づくりにいいエネルギーを注げられることを知っているからだ。

作る側が楽しみながらやれないと、いいものはできない。好きな人と楽しみながら作るから、熱いエネルギーが入るのだ。これは好きな人と一緒でないと実現できない。

いくら相手が敏腕編集者であっても、相手を好きになれなければ、エネルギーは生まれないのだ。

もし、あなたが相手のスキルや能力が欲しいと思っても、相手のことが嫌いであれば、その気持ちは相手に伝わる。嫌いな人から何かを得ようとしても、よいエネルギーは湧かないし、キャッチすることもできない。結果的には、そのスキルもいい結果も手に入れることはできない。

ここから先、たとえすばらしい上司、先輩であろうと、あなたがその人と合わないと感じたなら、その人とはなるべく距離を置いて付き合ったほうがいい。でないとムダなお金、労力、時間を費し、結果として自分の首を絞めることになってしまう。

この本を読んでくれるあなたは、仕事に責任感が強い、真面目な人だろうから伝えたい。

もっと楽しい仕事を選んでいい。

もっと好きな人と「だけ」仕事をしていい。

「一度、決めたことはやり遂げなければならない」という思いがあるからこそ、違和感を抱きながらも、人間関係をみずから切ることができないでいる。

もう、誰かとの仕事を「できません」と答えることに、罪悪感を持たなくていい。

もし、あなたが今の人間関係や場所から離れることに躊躇しているなら、その仕事は、今のあなたにとって本当に必要なものなのか一度考えてみてほしい。

あなたのその真面目さがゆえの責任感によって離れられないのなら、思い切って捨てる勇気を持とう。

なぜなら、あなたは遅かれ早かれその場から離れるから。であれば、あなたの有限な時間を有効に使うためにできることは何か。この機会に今一度、考え直してみよう。

好きな人と「だけ」仕事する

◆仕事ができる人ほど動いていない!?

「仕事ができる人ほど何もしていない」

「売れる営業マンに限って営業していない」

こうした一見逆説の言葉がある。ある意味これは正しい。

なぜなら、まわりの人がお客さんを連れてきてくれるし、人が勝手に営業して紹介してくれるからだ。理想的だ。それができれば、こんな楽なことはない。

しかしこうした人たちも、最初からそうだったわけではない。スタートラインはどんな人もそう変わらない。苦しい時期を何度も乗り越えて、人は達人の道へと入っていくのだから。

では何が、達人と駆け回り続ける人との分かれ道となるのだろう。ここを考えてみたい。

最初は誰でも一生懸命売ろうとする。しかし、売れ続ける人と売れない人とでは、その後のアクションが違うのだ。

売れない人の多くは、お客さんの購買が決まったら、次の新規のお客さんを獲得しようとする。これに対して売れ続ける人は、その買ってくれたお客さんがもっと喜んでくれることを考え、その人のさらなる感動を追求する。

売れ続ける人は、共通してアフターフォローに徹する。そうすることで「すでに買ってくれた人」の感動の総量をひたすら増やす。そうすることで、取りこぼしなくファンが増えていく。自動的にお客さんが積み重なっていくのだ。

人は、感動するとほかの人にその気持ちを伝えたくなるという特性を持っている。つまり、そのお客さんが勝手に営業をしてくれるようになるのだ。だから、売れる営業マンの新規顧客は、紹介が多くなる。

もうひとつ、売れ続ける人に共通する特徴がある。それは、**とにかく近くにいる人、その人のまわりで働いている人が、お客さん以上にその人の大ファンである**

ということだ。

その人が身近にいるスタッフや仲間たちを大事にするほど、その人たちは感動して「この人のためなら」と勝手に一肌脱ぐのだ。

だから、その人は一見「何もしていない」ように見えるが、こういう人は誰も見ていないところで、まわりを大切にすることを決して忘れていない。

うまくいっているときこそ、身近な人や今すでに顧客になってくれているお客さんの感動に情熱を注ぐ。結果として自然に栄えていく。

お客さんにも波長の法則は作用する

今いるお客さんの感動を増やす。

これには、もうひとついいことがある。

好きな人から紹介される人は、だいたい同じように好きなタイプの人だ。なぜなら、この世の人間関係はすべて「波長の法則」が支配しているから。

いいお客さんのまわりには、いいお客さんが集まる。だから放っておいても、まわりにいいお客さんたちが集まってきてくれるのだ。

好きな人を大切にし続けるところに、ストレスはない。

好きなタイプの人たちが集まり、自分たちの喜びに力を注ぐ。すると、また紹介が起きる。仕事ができる人は、このサイクルをただひたすらくり返しているだけ。

ビジネスも人間関係も同じことだ。人脈や新規顧客の数を無理に広げようとするより、今いる人にもっと喜んでもらったほうが、紹介の連鎖が起きて結果的に広がることになる。

無理して遠くにいる人まで手を伸ばすより、身近なところから一歩一歩、自分の存在を放射線状に広がることを、仕事のできる人たちは無意識に実践しているのだ。

成功の種は足元にある。

仕事だけ、生き方だけがうまくいき続けることはあり得ない。

ビジネスの結果とは、その人の生き方の反映なのだ。

第5章

好きな人と「だけ」生きていく

「この指とまれ」スタイルの生き方をしよう

◆ 無理に人を集めようとしない

何か新しいこと、新しい生き方を始めるときに覚えておくべきことがある。それは**絶対に「みんなで一緒にやろう」と言ってはいけない**ということ。

「みんなで一緒に」という言葉は響きがいい。そうすることが絶対の正しさだと思わせてしまう魔法のキーワードだ。

しかし、この言葉は人を思わぬ落とし穴に落とすこともある。

人にはいろんな価値観がある。「みんなでやろう」と言われたら、やりたくないと思う人も必ず出てくるし、やったとしても、「こっちは言われたからやってんだよ」と文句を言う人も必ず出てくるからだ。

責任感のある人ほど「みんなで一丸となってがんばろう！」と口にしてしまいがちだ。新しいことを始めようとするとき、やりたくない人を巻き込むのには、時間とエネルギーをものすごく使う。

たとえば、やる気のないアルバイトに仕事を教えなければならないときや、手伝いたくもない人に支援をお願いしなければならないとき。つまり、やる気のない人と何かを一緒にやるということは、お願いするほうもお願いされるほうも、膨大なエネルギーを消費するという負のスパイラルにおちいってしまう。

賛同してくれる人と楽しくやる

私も昔、それをやってしまい、とても苦労した経験がある。

自分の夢や理想を、スタッフ全員に押し付けすぎてしまい、結果として仲間内で大波乱を犯してしまったのだ。

第3章でも触れたが、新しく作った理念を仕事開始前に全員で唱和しようということを会社の決め事にした。それがみんなのためだと信じていたのだが、「そんなのはイヤだ」と言って去っていく人が出てきてしまった。

反省しあらためて決めたのは、「やりたい」と思う人だけでやろうというスタイル。つまり任意にしたのだ。ただ、賛同してくれた人たちと徹底的に実行したのは、「何があろうとも、とにかく楽しく唱和する」ということだった。

するとどういうことが起きたか？

最初は参加せず斜に構えた人間たちが、「なんか楽しそうだから、やっぱりやる」と、少しずつ増えていったのだ。

何があっても信じた人差し指を立て続けよう

人には誰も好奇心がある。

無理に誘わず、賛同者だけで勝手に楽しそうにやっていると、いいエネルギーが生まれる。その場所がとても楽しいものになる。すると、不思議と人はやっていることを覗きにくるようになる。

何かプロジェクトを始めようとしたり、社内改革をしようとしたり、なにか新しいことに挑戦したいと思ったら、「リーダーとして、私はこの会社をこうしていきたいと思う。そのためにこれをやる。賛同してくれる人は、一緒にやってほしい」と伝え、賛同者だけを集めてスタートすればいい。

これが「この指とまれ」スタイルだ。

あなたは、これからやりたいこと、大切にしていることを挙げて、指を一本立てるだけでいい。すると賛同した人だけが集まる。

賛同してくれたということは、同じ志を持ってくれたということ。同じ志とは、同じ価値観、同じ思考を持っているということ。これこそが「波長が合う」ということにほかならない。

波長が合うと、ストレスが格段に減る。そうすることで、あなたは自分のやるべきことに集中できることになる。いいことづくめだ。

これはチーム論という意味合いだけではなく、生き方という意味でも有効なやり方だ。

無理やり集められた大人数の人間より、数は少なくても自ら望んで集まってくれた人たちのほうが強い。そういう人たちと歩む道は、間違いなく楽しいものになる。

「何を」ではなく「誰と」やるか

◆「好きな人」がいることはあなたの圧倒的な力になる

「好きな人」の存在について、思いっきり深めて考えてみよう。
人の心は強くもあり、弱くもある。物事が順調に運んでいるときは強い気持ちでいられるが、そうでないときは弱気になり、意志を貫き通すことが難しく感じることだってある。

そんなときに支えてくれるのが何を置いても「好きな人」の存在だ。人は悩んだとき、落ち込んだときに「好きな人」がかけてくれた言葉や、してくれた行動を一生忘れない。

私も今までいろいろなことがあったが、「好きな人」たちがいてくれたからこそ、今の自分がいると断言できる。

「好きな人」の存在は、なにより心の安定をくれる。何をするにも、どこに行くにも、信頼できる大好きな仲間がいるだけで、気持ちが穏やかになり、力となってくれる。

新しいことに挑戦するとき、勇気が出ないとき、背中を押してほしいときも、この存在は大きい。「私は一人じゃない。あの人が、あの人たちがいる」と思うだけで、力が湧いてくる。


そんな人には自然と「ありがとう」という言葉が出てくる。このように感謝の言葉が自然と出てくる関係性ほどすばらしいものはない。

「ありがとう」「おかげさま」――この言葉は、お互いの気持ちを満たすことができ、それがまたお互いのエネルギーとなる。だから、この言葉が自然と口に出る相手といい関係性を作ればいい。その相手こそが「好きな人」なのだ。

人は誰でも、好きな人に対しては「いい人」であり、求められていないのに勝手に「がんばり屋さん」になり、頼まれてもいないのに「相手のことを考えて行動する人」になれる。

意図的ではなく、自然に、無意識にそういう人になれているという状態。あなたにもきっと身に覚えがあるはず。「そう言えばあるなー」と、ぼんやりとでも思ったとしたら、それってすごいことだ。

好きという気持ちは、性格さえ変えてしまうほど強力なエネルギーである。そして、考え方、行動さえ簡単に変えてしまう。

イヤな人に「これ、やっといて」と言われても、「ああ面倒くさいな」「なんで私がやらなきゃいけないんだ！」なんて思ってしまうのに、それが好きな人だったら、頼まれたこと以上のことをやってしまいたくなる。このメンタルの違い。

つまり、あなたのパフォーマンスを最大に発揮するためには、あなたが何か特別なことをしたり学んだりする必要は一切ない。好きな人と一緒にいればいいだけだ。

仕事にしてもそう。どうせ同じ給料で働くなら、いやいやではなく楽しくがんばれるほうがいい。だから「仕事だからしかたがない」などと諦めず、もっと好きな人、大切にしたい人と一緒に仕事をするために何ができるのかを心がけよう。

結果として、それがあなたの評価にもつながり、人生さえも変えてしまうのだ。

人生の質は「何をやるか」より「誰とやるか」で決まるのだから。

大好きな人に感動のシャワーを

◆「好きな人のために」が感動を生む

『人生の幸福とは、「幸せだなあ」「嬉しい」「ありがとう」という言葉が、思わず出るような瞬間、つまりどれだけ感動できたかの総量だ』

以前、こんな言葉を聞いたことがある。それが正しいかどうかはわからないが、私はこの言葉にとても共感したし、今でもそう思っている。

誰でも、尊敬する上司や大好きな人から頼まれごとをされたとき、「期待以上のことをやって、あの人に喜んでもらいたい」という気持ちになる。

だからこそいつも以上に相手のために何ができるかを考え、行動する。そしてその瞬間にしか味わえないワクワク感が自分を包む。これこそ、プラスのエネルギーが作用している状態なのだ。

心を込めれば込めるほど、やっていて幸せになれるし、頼んだほうも「こんなことまでやってくれたなんて」と嬉しい気持ちになり、あなたのことをもっと好きになる。何かをしてもらうことも幸せだが、好きな人のために何かができるということも、人は幸せを感じるようにインプットされている。つまり、**「好きというエネルギーから生まれる行動」こそが、あなたとあなたの好きな人の感動の総量を増やすのだ。**

どれだけ感動の総量を増やせるか、どれだけ多くの人と感動を分かち合えるかが、あなたのまわりに「好きな人」を集めることにつながっていく。

たった一人でも大好きな人がいるだけで、あなたのエネルギーの質は高く、まわりにもよい影響をもたらすことができるのだ。

大勢ではなく一人の感動を強めよう

感動の総量は、人数を多く増やせばよいというものではない。

１００人が1感動するのと、一人が１００感動するのとでは、感動の総量は計算上同じになるが、その後に起きることはまったく違ってくる。

感動の総量が多いほど、人は誰かにその感動を伝えたくなるという特性を持っている。

つまり１００人が1感動したら、その中の誰かは他の人にそのことを伝えるかもしれないが、伝えない人もいる。しかし、一人が１００感動したら、その一人は確実に10人、１００人、あるいは１０００人に伝える。講演会で喋れば数百人以上、マスメディアで語れば何万、何十万人になる。

ということは、感動の総量というのは、一人が１００感動したほうが、広がりやすいということになる。

あなたが誰か一人のために何かをすれば、まわりの人の感動の総量は確実に増える。

それがまた、あなたをいい人生に導いていくのだ。

あなたが誰かを好きになること、その誰かを喜ばせることは、とてもすばらしい。大切なのは人数ではない。一人あたりの感動の総量だ。

だからこそ、好きな人のそばで生きていく道を選ぶべきなのだ。

ギブ＆シェアの時代が来た

◆好きな人とやりたいことをやろう

「One for all,all for one.（一人はみんなのために、みんなは一人のために）」

この言葉を知っている人は多いと思う。しかし、これを実践できている人は少ない。

時代によっていろんな関係性が生まれるが、私は今こそこの言葉がハマる時代が来たと思っている。

組織が以前より力を失い、そこにしがみつく人が減ってきた。加えて起業、副業の波が押し寄せている。20代の離職率の高さを社会問題のように言う人もいる。

しかし、この現象をよりよくリサーチしてみてわかったことだが、実際は彼らがあきっぽいということではなく、「多くの人たちが、自分のやりたいことをやるためにガマンしなくなってきた」というほうが正しい。

これだけ時代変化のスピードが速くなると、稟議書を回すことに時間をかけるより、個々人が自分の判断で問題解決をし、その方法を共有していく、つまり情報シェアのスピードが組織に求められてくるのだ。

スピード時代に求められるもの。それは機動力と組織の絆、つまりメンバーたちの関係性。そうなると、大組織より個人のほうが有利になる。

人は「人とつながれる場所」に集まる

これから強くなっていくビジネス形態は、個々のフリーランスのビジネス連合体だ。ブログやSNSで個人の情報発信がこれだけ盛んになると、ここからフリーランス、つまり自営業者が増える。

ただ、自営業者とはいえど、一人でビジネスを拡大させることはできない。やはり人との出会いの場が必要になる。

多くの人が自分を表現できる時代。そこに必要なものは、「表現できる場所」「人と人とがつながれる場所」になる。

この持論を基に、私は麻布の自社セミナー会場「翔ルーム」や「永松義塾」、ビジネスコンサル部門や出版支援組織を組み立てた。

先にも述べたが人間関係は初期設定が9割。だからこそそこに来る人たちに、守ってもらうルールを提示している。そうすることで価値観の違う人たちとの無用な接触を事前に防ぐことができるからだ。

カリスマリーダーよりステージメーカー

私は仕事を通して、これまでさまざまな人に会ってきた。その中で私の憧れの人たちはみんな、まわりの人たちが活躍できる場所を作る人、つまりステージメーカーだった。

その人たちはみな自力で事業を成功させてきた人たちではあったが、いつまでもその栄光にしがみつくタイプではない。むしろ自分の経験を基にして、これからのぼってくる人たちの支援やサポートをしているのだ。

今私がこうして本を書いたり、メディアを立ち上げることができたのも、すべてその人たちが模範を示してくれたり、導いてくれたおかげにほかならない。


そのステージメーカーたちに共通しているのは、みんな人情家だということ。しかしこれはよく考えると、ものすごく合理的な生き方と言える。

たとえば、その人の興味が自分にしかなく、自分はどこまでのぼっていけるのかだけを考えているタイプだとする。そうなると、その人は延々と自分一人でがんばり続けなければならない。成功すれば、たしかに勲章や栄光はつかめるかもしれないが、一緒に喜んでくれる人は当然少なくなる。

多くの人たちが自分を表現していく時代に、このスタイルは合わない。

そうではなく、自分が一段上に上がったら、その一段を上がる方法をまわりにシェアして、一歩ずつ一緒にのぼっていく。

これは時間がかかるかもしれない。

しかし、あとについてくる人たちの実力や影響力が大きくなっていくと、今度は彼らがその人を押し上げてくれるようになる。結果、そのチームは、一人の英雄などをはるかにしのぐ集団になる。


これからの時代、一人でがんばる人は力尽きていく。自分だけがいい思いをしようとする人は、やがてまわりから相手にされなくなる。逆に多くの人にチャンスを与え、次の英雄たちを多く輩出していく人の価値は上がる。つまり、

「Ｇｉｖｅ＆Ｓｈａｒｅ」——分かち合える人が伸びていく。

好きが最高、好きが最強

◆あなたの「ユー」は誰ですか？

私はビジネスを通して、そして出版や講演、コンサルティング、塾の経営など、いろんな場で、「フォーユーの精神」を提唱し続けてきた。
直訳すると「あなたのために」となるが、私は「大切な誰かのために」という意味で使っている。

だから当然この「ユー」の部分は人によって違う。
ある人にとっては、家族や恋人。

ある人にとっては、上司や職場の人。

ある人にとっては、地域だったりする。


そして最近、新しいキーワードが生まれた。

それが先ほど書いた「ギブ＆シェア」、つまり「分かち合う」という意味。「フォーユー精神を基にした行動」のことだ。

このギブ＆シェアとフォーユーの精神には、じつは一つだけ条件がある。

それは、「好きな人に向けて」ということだ。

あなたのまわりにいる人すべてが、「あなたの好きな人」ではないだろう。

であれば、あなたがイヤな人に、自分の気持ちを抑えてまで優しく接する必要はない。


そういう人のために自分の大切な時間を使うということは、まさに自己犠牲だ。自分の感情を抑えて続けていると、だんだん苦しくなり、あなたのサイクルが止まってしまう。

しかし、これが好きな人限定だったら、あなたのエネルギーは自然と高まる。

好きな人が喜んでくれる。

もっと喜んでもらいたくて行動する。

そこには、自己犠牲などない。何をするにも、好きでやっているのか、嫌われないためにやっているのかという原点の思いの違いが、ギブ&シェアか自己犠牲かの分かれ道となる。

起きることはすべてあなたの選択

損得を考えず、無償で「この人のためにやってあげたい」と思える——これは人間が本来持っている本能的なものだ。

その行動の原点となる「好き」という感情は、人間が持っている何よりも大切なもの。それを素直に受け入れ行動することが、最大の幸せにつながる。

人生に起こりうるすべてのことは、あなたが選ぶ権利を持っている。あなたが好きな人とだけ生きることを拒否しているなら、それを選んでいるのは誰でもなくあなた自身だ。

もっと自分に許可を出そう。

もちろんいきなりすべては無理かもしれない。

しかしそう意識して行動するだけで、あなたが発する波長はゆっくり変化していく。

そしてその波長に合った同じ思いの人たちが、あなたのまわりに集まってくる。

◆「好き」を認めあえる場所を作ろう

今は個の時代、つまり個人の好きなこと自由にできる時代だ。

だからこそ、お互いの好きを認め合う仲間を作ろう。

できれば同じ価値観の人たち、あるいは近い価値観の人たちがいい。

その場所を、もっと楽しく広い世界にできるかどうかは、あなたの考え方にかかっている。

意味のない順位を付けたり、どっちがすごいとか正しいかなどを追及する世界を飛び出して、もっと自由になれ。

好きな人とお互いが好きなことを認められるようになれば、その場所はお互いにとって、とても生きやすい場所になる。

つまり、みんなが好きな人とだけ生きていくことは、世界平和にもつながるのだ。私は世界がそんな自由な人たちであふれることを切に願っている。

これから始まる新しい価値観の世界の中で、あなたには、まずはこの本を閉じてから始まる日常の生活で、「好きな人とだけ生きていく」と願いながら行動を選ぶ習慣を身につけてほしい。

一生、籠のなかの鳥でいるか、

それとも、自由にはばたくか。

迷わず、後者を選ぼう。

好きな人と好きな場所で好きなことをする。

その勇気を持ち、あなたが自信を持って前に進んでいくことを切に願っている。

エピローグ

同じ思いの人となら、道は違っても
いつかどこかで必ず会える

「波長の法則」が起こした奇跡

◆人生を救ってくれた一冊の本

「波長の法則」を軸として、本書『好きな人と「だけ」生きていく』を書いた。正直、この本ほど「波長の法則って、ほんとにあるんだ」ということをリアルに感じた企画はなかった。

最後に、今回の企画進行中に起きた2つの奇跡について書いておこう。この話が少しでもあなたの希望につながれば嬉しい。

今から20年前、25歳のとき、私は地元大分県中津市で3坪のたこ焼き屋を開店した。その3年後に行商生活を終え、28歳のとき、1、2階で150席のダイニング「陽なた家」を開店。更地に1から建てたから、土地代、建物代を含めると途方もない借金を抱えてのスタートになった。

3坪のテイクアウト店から150席のダイニングへ。

飲食店経験は、たこ焼き屋をのぞけば学生時代のアルバイトだけ。

スタッフに経験者はゼロ。

まさに、ないないづくし。

今振り返ると冷や汗が出るような、無謀なチャレンジだった。今、同じことをやろうとする若者がいたら、まちがいなく私はほかの方法をすすめるだろう。

幸いなことにまわりの人たちの協力もあり、陽なた家自体はありがたいことにすぐ軌道に乗った。しかし、そこで大問題が勃発した。

それは、スタッフたちのモチベーションの差から毎日起こるいさかい。スタッフ同士がケンカをせずに1日が終わることなど、ほとんどなかった。そんな状態だから、お客さんをもてなすどころではない。

私の意識は、つねにスタッフたちに向けられていた。そんな状態だからせっかく入った社員やバイトたちもどんどんやめていく。

「俺、何のためにあんな大きな借金を抱えてこの店をつくったんだろう？　どうすればスタッフたちがケンカせずに働ける店を作れるんだろう？」

悩みまくっていたときに一冊の本に出会い、人生を救ってもらった。その本の名前は『「仕事ごころ」にスイッチを（新書版は『リーダーが忘れてはならない3つの人間心理』）（フォレスト出版）。その本の通りにやると、スタッフたちのいさかいは減り、店の空気がどんどん明るくなっていった。人が辞めていくことへの辛さも、10分の1くらいになった。

その本の著者は、小阪裕司さんという人だった。ある日、知り合いから、大分に小阪先生が講演に来るという情報を聞き、車を飛ばして一時間離れた大分市内の講演会場に行った。

当時28歳だったそのときの私は「とにかく一言でもいいからお礼を言いたい」という思いでいっぱいだった。

しかし、私には小阪先生とのつながりはまったくない。残念ながら懇親会にも参加できず、その日の初対面は、小阪先生を遠くから眺めて終わった。

2019年夏、あるパーティーで

そこから時は経ち、私は著述が本業の1つになり、東京に新オフィスを作って活動するようになった。ありがたいことに、九州時代に読んでいたベストセラー作家の人たちとも交流ができるようになった。

そんな2019年7月の、とある日。日頃お世話になっている尊敬する大ベストセラー著者である本田健さんから、『happy money』（フォレスト出版）という世界40カ国で発売されることになった健さんの本の出版記念パーティーにお誘いいただいた。

その健さんの紹介から出会いをいただき、2018年の夏から私は來夢先生という方に「ここからをどう生きるか」という個別セッションを受けていた。來夢先生は占星術の世界では知らない人はいない超大物の女性アストロロジャーだ。

当日、來夢先生がそこに来られることは聞いていた。パーティーが始まってすぐその來夢先生を発見。一瞬、私は言葉に詰まった。來夢先生の隣に小阪裕司先生が立っていたのだ。

「わー、永松くん、来てたんだね。今日この方と一緒に来たんだけど、来る前に君のことを話してたのよ。ぜひ紹介しようと思って」

私は挨拶をするというより、いきなりお礼を言った。私の人生を救ってくれた本を書いてくれたことに対するお礼だ。

來夢先生は、「あら？　知ってたの？」とぽかんとしている。小阪先生は、私のいきなりのお礼と報告をとても喜んでくれ、その2週間後に一緒に食事をさせてもらうことになった。

それからというもの、小阪先生とはお互いの仕事を通して接点を持たせてもらったり、対談をさせてもらったりして、その距離はどんどん近づいていった。

救ってもらった恩を次の人たちへ

ちょうどそのころ、この本の企画が決まり、動き始めるところだったので、私は小阪先生にあるお願いをした。

それは『好きな人と「だけ」生きていく』という本を、私を救ってくれた小阪先生の本をベースに作らせていただけないかということだった。

「永松さんが、私の理論をもとに起きたことを書いてくれるなら喜んで」

小阪先生がそう快諾してくださったことで、本書は生まれた。第3章の文章には、小阪先生の本を引用させてもらったことをここに明記しておきたい。

遠く離れた地で人生を救ってもらった本を、今度は自分のフィルターを通して世の中に伝えることができるという現実。これは奇跡以外の何物でもない。

そして、こうして小阪先生に出会えたことは、「出版を通して世の中を元気に」という同じ価値観が生んでくれた「波長の法則」のおかげだと思っている。

今、道は別々でも、同じ思いの人は必ず出会える。「波長の法則」は、こんな形で味方してくれることもあるのだ。

「２０２０年まで」という志、「２０２０年から」という志

20年後のスーパーサプライズ

もうひとつ、「波長の法則」が生んでくれた嘘のような再会で、この本は生まれた。

私は大学卒業後、出版社の営業職として社会人を始めた。担当はビジネス雑誌の広告営業。これが私の社会人としての初めてのミッションだった。その会社は「オフィス２０２０」。

たこ焼き屋になるツテを探してフラフラしていた私を見かねた知人が、その会社の代表を紹介してくれ、就職が決まったのだ。

その会社の代表で月刊誌「２０２０ＡＩＭ」編集長の名は、緒方知行先生。私と同じ中津出身で、流通経済ジャーナリストとして全国を講演で飛び回り、著作は多数ありベストセラーも何冊かあったりと、とにかく全国的に大活躍をされていた方だった。

２０２０という社名には、「80歳になる２０２０年まで、現役ジャーナリストとして活動し続ける」という先生の思いがあった。

その会社には私より1つ年下の女性がいて、大学院に通いながら先生の編集アシスタントをしていた。いや、仕事のかたわら院生をしていたというほうがいいだろう。私たちは緒方先生のもとで学びながら夢を語っていた。

著述業をしていると、同業の友達ができることが多い。その中に、宮本佳実さんという方がいる。2年ほど前、出版に関する情報交換も含め、彼女と食事をする機会があった。そのとき、「私を世に出してくれたすごい編集者がいるんです」という話になった。佳実さんのその話がとても魅力的に映ったので、いつか会ってみたいと思っていた。

少し期間があき、ふたたび佳実さんと打ち合わせの日。タクシーから降りてきた佳実さんの隣に、一人の女性がいた。私は眼がよくないので顔がわからなかったが、その女性は突然私に手を振ってきた。

「初対面なのに、なんて人懐っこい人なんだ」

近づくとびっくり。その人は、オフィス２０２０にいたあの編集アシスタントをしていた大石さんだったのだ。佳実さんも驚いていた。

◆遺志を継ぐ者の協働作業

20年後に再会したとは言え、話題の中心はもっぱら緒方先生だった。先生から教えてもらったこと、「志」という言葉を私たちに教えてくれたこと、残念ながら２０１５年に病気で亡くなってしまったこと……私と大石さんは先生の志について語り、そして生まれたのがこの本なのだ。

緒方先生が目指した「２０２０年まで」現役で書き続けるという志。

その志を引き継いだ大石さんと私は「２０２０年から」という志。

だから２０２０年最初の仕事は、何をおいても大石さんとすると決めていたのだ。

「言葉の力で世の中をいい方向に導け」――いつもそう言っていた緒方先生の思いは、引き継ぐ者がいれば続いていく。

今回の縁も再会も、緒方先生が作ってくれたものと信じて、本書の企画に全力投球した。大石さん、そして私も離れた場所で先生の志を継いで出版人として仕事をし続けていたこと。

この同じ思いがあったから「波長の法則」が働き、私たちは再会できたのだと確信している。

先生は今、私たち二人のことをどんな思いで見てくれているのだろうか？

「二人ともがんばってるね。楽しくお役に立つんだよ」

そう見守ってくれていることを願うばかりだ。

思いが同じなら、道は別れてもいつか必ずどこかでまた出会う。

このことを教えてくれたすてきなこの企画に、心から感謝している。そしていただいた教えと志を伝え続けていくことが、恩人である緒方先生、そして小阪先生に対する恩返しだと思っている。

大好きな人たちへ——あとがきに代えて

『好きな人と「だけ」生きていく』というタイトルは、私にはチャレンジだった。

そんなこと本当にできるのか？

倫理的にそんなことやっていいのか？

そう批判されるかもしれない。そんな恐れも正直ないと言えば嘘になる。


しかし、書いたことに責任を持つことは、著者に課せられた使命だ。タイトルに当てはめて考えたとき、私にとって大切なのは、読んでくださる読者であるあなただ。

もし、あなたが人間関係に悩んで手に取ってくださったのだとしたら、一行でも、「あ、それでいいんだ」と心が軽くなっていただけるように、一生懸命にあなたの立場に立って書いたつもりだ。

そのため少々過激な表現になってしまった部分もあるかもしれないが、そのへんはご理解いただけると嬉しい。

人間関係は常に変化する。いいことばかりではない。これからも、あなたにそんな場面が来たときに、「あ、そういえばあの本に、あんなことが書いてあったな」と思い出していただける一冊になれば、著者としてこんなに嬉しいことはない。

本書は、私の大好きな人たちのおかげで生まれた。

20年ぶりに再会した大石聡子編集長。同じ緒方知行門下生、同じ出版人として、これからもよろしくお願いします。

この企画のスタートのきっかけに立ち上がってくれた鮫川佳那子さん、本当にありがとう。完成したら必ずイギリスに届けるね。

そして、私のあとに経営を引き継いで九州でがんばってくれている陽なた家ファミリーたち。東京で支えてくれている㈱FOR YOU JAPANのメンバーたち。永松義塾の塾生のみんな。執筆の手伝いをしてくれた塾生の加藤道子さん。

私にとって絶対に外せない二人の読者である長男の亨太郎、次男の隆之介。

執筆中も部屋を駆け回ったり、膝の上にのって励ましてくれた家族、プードルの「とら」「さくら」「ひな」「ももこ」。

本当にありがとう。おかげさまで2020年初となるこの本が無事生まれたよ。

私にとっての「好きな人」は、何をおいてもみんなのことです。これからも一緒に、同じ波長で、同じ志に向けて歩いていこうね。引き続きどうぞよろしく。

最後になりましたが、この本を手に取ってくださったあなたに、心から感謝します。同じ波長で引き合ったこのご縁が発展し、いつかお話できることを楽しみにしています。あなたの人生が好きな人たちで満たされ、さらに輝いたものとなりますように。

2020年2月

東京オリンピックを待つ麻布「翔ルーム」にて　　永松茂久

編者紹介

永松茂久

Shigehisa Nagamatsu

（株）人財育成 JAPAN 代表取締役
（株）FOR YOU JAPAN 代表取締役
永松義塾主宰

大分県中津市生まれ。
「一流の人材を集めるのではなく、いまいる人間を一流にする」というコンセプトのユニークな人財育成法には定評があり、全国で多くの講演、セミナーを実施。「人の在り方」を伝えるニューリーダーとして、多くの若者から圧倒的な支持を得ており、講演の累計動員数は 40 万人にのぼる。

2019 年 4 月、東京に自社のセミナールームである「麻布『翔』ルーム」をオープン。
2020 年からコーチングスクールである永松義塾、自身のオンラインサロンである「NEXT」、経営者、起業家向けの「ABC 麻布ビジネスコンサルティング」をスタート。執筆、出版コンサルティング、メンタルコーチング、ビジネスプロデュースなど、数々の支援事業を展開している。

著書に『感動の条件』（KK ロングセラーズ）、『言葉は現実化する』『影響力』『30 代を無駄に生きるな』（きずな出版）『人は話し方が 9 割』（すばる舎）などがあり、累計発行部数は 120 万部を突破している。

永松茂久オフィシャルサイトはこちらから
https://nagamatsushigehisa.com/

好きな人と「だけ」生きていく

2020年2月22日　第1版　第1刷発行

著　者　　永松茂久
発行所　　WAVE出版
〒102-0074　東京都千代田区九段南3-9-12
TEL 03-3261-3713　FAX 03-3261-3823
振替 00100-7-366376
E-mail: info@wave-publishers.co.jp
https://www.wave-publishers.co.jp

印刷・製本　萩原印刷

NDC336　223p　19cm　ISBN978-4-86621-262-3